Kylian de Brabandere

Stile e Carisma

L'arte di essere un gentiluomo

Indice

Introduzione

- Presentazione del concetto di "gentiluomo" moderno
- Importanza dello stile e del carisma nelle relazioni personali e professionali
- Breve panoramica di ciò che verrà trattato nel libro

Capitolo 1: Il Fondamento del Carisma

- Definizione di carisma e come si manifesta
- La psicologia del carisma: attrazione, autorevolezza e simpatia
- Storie di figure carismatiche e cosa possiamo imparare da loro

Capitolo 2: Stile e Identità Personale

- L'importanza dello stile come espressione di sé
- Come sviluppare un guardaroba che rifletta la propria personalità
- Consigli su abbigliamento per diverse occasioni: casual, formale, business
- L'arte dell'accessorio: dettagli che fanno la differenza

Capitolo 3: Il Linguaggio del Corpo e la Presenza

- L'impatto del linguaggio del corpo sulla percezione altrui
- Tecniche per migliorare postura, gestualità e contatto visivo
- Come costruire una presenza magnetica e sicura di sé

Capitolo 4: Comunicazione Efficace

- L'importanza della voce: tono, ritmo e volume
- Tecniche di conversazione: ascolto attivo, storytelling, empatia
- Come gestire le conversazioni difficili e mantenere il controllo emotivo

Capitolo 5: Etichetta e Galateo Moderno
- I principi dell'etichetta e come applicarli oggi
- Galateo in diverse situazioni: incontri, cene, eventi sociali
- Come comportarsi con rispetto e grazia in ogni occasione

Capitolo 6: Sviluppo della Fiducia in Sé Stessi
- Costruire l'autostima attraverso l'azione e la riflessione
- Affrontare le insicurezze e trasformarle in punti di forza
- L'importanza della mentalità positiva e della resilienza

Capitolo 7: Cura di Sé e Benessere
- Routine di cura personale: grooming, fitness e alimentazione
- Come il benessere fisico influisce sul carisma e la percezione
- L'equilibrio tra l'estetica e la salute mentale

Capitolo 8: Creare e Mantenere Relazioni Autentiche
- L'arte di costruire relazioni significative e autentiche
- Networking con eleganza e intelligenza sociale
- Gestione delle relazioni professionali e personali

Conclusione
- Riassunto dei punti chiave trattati
- Incoraggiamento a vivere come un gentiluomo moderno
- Spunti per l'evoluzione personale continua

Introduzione

Presentazione del concetto di "gentiluomo" moderno

Nel mondo frenetico e in continua evoluzione in cui viviamo, il concetto di "gentiluomo" può sembrare un retaggio di epoche passate, un ideale ormai sbiadito che appartiene a un tempo in cui l'eleganza, il rispetto e la dignità erano valori fondamentali. Tuttavia, mai come oggi, c'è un bisogno profondo di riscoprire e riaffermare queste qualità, adattandole ai tempi moderni.

Essere un gentiluomo oggi non significa semplicemente indossare abiti impeccabili o seguire alla lettera il galateo. È molto di più. È un modo di vivere, un'attitudine che si riflette in ogni gesto, parola e scelta. È l'arte di bilanciare forza e sensibilità, decisione e cortesia, carisma e umiltà.

Il gentiluomo moderno è colui che sa presentarsi con stile, ma che al contempo possiede un carattere saldo e una mente aperta. Sa come comportarsi in società, ma non perde mai di vista l'importanza della gentilezza e del rispetto verso gli altri. È sicuro di sé, ma non arrogante; è consapevole del proprio valore, ma non dimentica mai di riconoscere e valorizzare quello degli altri.

In un'epoca in cui le interazioni sono spesso rapide e superficiali, essere un gentiluomo significa saper creare connessioni autentiche, ascoltare con attenzione e comunicare con chiarezza e rispetto. È un uomo che sa adattarsi alle situazioni, senza però mai tradire i propri principi.

Questo libro è un viaggio attraverso l'arte di essere un gentiluomo nel contesto contemporaneo. Ti guiderò attraverso i principi fondamentali del carisma, dello stile e del comportamento, fornendoti non solo una comprensione più profonda di ciò che significa essere un gentiluomo, ma anche strumenti pratici per incarnare questo ideale nella tua vita quotidiana.

Prepara la mente ad accogliere nuove idee e il cuore a perseguire la crescita personale. Inizia qui il tuo percorso verso una versione più raffinata, sicura e carismatica di te stesso. Benvenuto nel viaggio per diventare il gentiluomo moderno che il mondo oggi ha tanto bisogno di incontrare.

Importanza dello stile e del carisma nelle relazioni personali e professionali

Nel panorama complesso delle relazioni umane, sia personali che professionali, lo stile e il carisma giocano un ruolo cruciale nel modo in cui veniamo percepiti e nelle connessioni che siamo in grado di costruire.

Stile: L'Espressione Esteriore del Sé Interiore

Lo stile non è solo questione di abiti o accessori; è l'espressione visibile della nostra personalità e dei nostri valori. Quando curiamo il nostro aspetto, non lo facciamo solo per seguire le tendenze della moda, ma per comunicare chi siamo e come vogliamo essere percepiti. Ogni dettaglio, dall'abbigliamento alla cura personale, racconta una storia su di noi, e in un mondo dove le prime impressioni sono spesso decisive, questa narrazione visiva può fare la differenza.

Nelle relazioni personali, uno stile curato trasmette rispetto, non solo verso se stessi, ma anche verso chi ci circonda. È un modo per dire "mi importa" senza dover pronunciare una parola. Le persone tendono a sentirsi più a proprio agio e a fidarsi di chi dimostra attenzione al proprio aspetto, vedendolo come un segnale di disciplina, organizzazione e autorevolezza.

Nel contesto professionale, lo stile diventa un'estensione del brand personale. Che tu stia incontrando un cliente, partecipando a una riunione o presentando un progetto, il tuo stile influenza l'opinione che gli altri si formano di te. Un abbigliamento adeguato e una presentazione curata possono comunicare competenza, affidabilità e professionalità, aprendo porte che altrimenti potrebbero rimanere chiuse.

Carisma: La Magia dell'Interazione Umana

Se lo stile è il veicolo, il carisma è il carburante che muove le relazioni. Il carisma è quella qualità intangibile che attira le persone, le ispira e le motiva a seguirti, a credere in te. Non si tratta solo di ciò che dici, ma di come lo dici, di come fai sentire gli altri in tua presenza.

Nelle relazioni personali, il carisma crea legami profondi. Una persona carismatica ha la capacità di far sentire ogni individuo importante e valorizzato, creando una connessione autentica. Questo tipo di presenza non solo attrae, ma mantiene vivi i rapporti, trasformando semplici conoscenze in amicizie durature e relazioni significative.

Nel mondo professionale, il carisma può essere la chiave per il successo. I leader carismatici ispirano e motivano i loro team, costruiscono reti di contatti influenti e sanno come convincere e persuadere in modo naturale. In un ambiente dove competenza e capacità sono spesso scontate, il carisma diventa un fattore distintivo che ti permette di emergere, di influenzare decisioni e di guadagnare la fiducia e il rispetto degli altri.

Sintesi: Un'Interazione Sinergica

Lo stile e il carisma, sebbene siano qualità diverse, lavorano in sinergia. Uno stile curato cattura l'attenzione, mentre il carisma la mantiene. Insieme, questi elementi ti permettono di navigare con successo sia nelle sfide personali che in quelle professionali, creando un'immagine integrata di un gentiluomo moderno che non solo appare impeccabile, ma che ha anche la capacità di ispirare e connettersi profondamente con gli altri.

Abbracciare l'importanza dello stile e del carisma non è un esercizio di superficialità, ma un riconoscimento del potere delle percezioni e delle connessioni umane. È un investimento nel tuo futuro, nelle tue relazioni e nel tuo successo.

Breve panoramica di ciò che verrà trattato nel libro

In questo libro, intraprenderemo un viaggio attraverso l'essenza di ciò che significa essere un gentiluomo nel mondo moderno. Non si tratta solo di abbigliamento e galateo, ma di un approccio olistico alla vita che abbraccia stile, carisma, etica e relazioni. Ogni capitolo ti fornirà strumenti pratici, riflessioni profonde e suggerimenti utili per sviluppare e perfezionare queste qualità in modo autentico e sostenibile.

Capitolo 1: Il Fondamento del Carisma

Iniziamo esplorando il concetto di carisma, una qualità che può essere sviluppata e affinata. Analizzeremo come la sicurezza in sé stessi, l'autenticità e l'empatia siano le basi per creare una presenza magnetica. Scoprirai come il carisma può trasformare le tue relazioni personali e professionali, facendoti distinguere in ogni situazione.

Capitolo 2: Stile e Identità Personale

Il secondo capitolo è dedicato all'importanza dello stile come espressione della propria identità. Approfondiremo come costruire un guardaroba che rifletta la tua personalità e ti faccia sentire sicuro e a tuo agio in ogni occasione. Esploreremo l'arte dell'accessorio, l'abbigliamento per diverse situazioni e come ogni dettaglio può contribuire a creare un'immagine coerente e potente.

Capitolo 3: Il Linguaggio del Corpo e la Presenza

Il modo in cui ti muovi, gesticoli e mantieni la tua postura dice molto di te. Questo capitolo ti insegnerà come utilizzare il linguaggio del corpo per emanare sicurezza e carisma. Scoprirai tecniche per migliorare la tua presenza, rendendoti più consapevole di come vieni percepito dagli altri.

Capitolo 4: Comunicazione Efficace

Una comunicazione chiara e convincente è essenziale per qualsiasi gentiluomo. Imparerai come utilizzare la tua voce, le tue parole e i tuoi gesti per comunicare con precisione e impatto. Analizzeremo l'importanza dell'ascolto attivo, dell'empatia e dell'arte della conversazione per costruire relazioni più forti e significative.

Capitolo 5: Etichetta e Galateo Moderno

In un mondo che cambia rapidamente, alcune regole di etichetta rimangono fondamentali, mentre altre si evolvono. In questo capitolo, esploreremo i principi dell'etichetta moderna, applicabili in diverse situazioni sociali e professionali. Capirai come comportarti con grazia e rispetto, senza mai risultare fuori luogo.

Capitolo 6: Sviluppo della Fiducia in Sé Stessi

La fiducia in sé stessi è il fulcro di ogni gentiluomo. Questo capitolo ti guiderà attraverso strategie per costruire e mantenere la tua autostima, affrontare le insicurezze e trasformarle in punti di forza. Scoprirai l'importanza di una mentalità positiva e come essa influenzi tutte le aree della tua vita.

Capitolo 7: Cura di Sé e Benessere

Un gentiluomo moderno sa che la cura di sé va oltre l'aspetto esteriore. Esploreremo routine di grooming, fitness e alimentazione che non solo migliorano il tuo aspetto, ma anche il tuo benessere generale. Imparerai a trovare un equilibrio tra estetica e salute mentale, per vivere in armonia con te stesso.

Capitolo 8: Creare e Mantenere Relazioni Autentiche

L'ultimo capitolo si concentra sull'importanza di costruire relazioni genuine e durature. Esamineremo come il networking intelligente e l'intelligenza sociale possano aiutarti a navigare con successo sia nel mondo professionale che personale. Capirai come coltivare relazioni che non solo ti arricchiscono, ma che ti sostengono nel lungo termine.

Il libro si conclude con una riflessione sull'importanza di continuare a evolversi come gentiluomo, adattandosi ai tempi e mantenendo sempre vivi i principi di stile, carisma e integrità. Sarai incoraggiato a continuare questo percorso di crescita personale, portando con te gli strumenti e le idee che hai acquisito lungo il viaggio.

Capitolo 1: Il Fondamento del Carisma

Definizione di carisma e come si manifesta

Il carisma è una qualità affascinante e misteriosa che sembra avvolgere alcune persone in un'aura magnetica, capace di attirare e influenzare chiunque le circondi. È una forza invisibile che rende irresistibili, non per ciò che si dice o si fa, ma per il modo in cui si è e come ci si presenta al mondo.

Cos'è il Carisma?

Il carisma è spesso definito come la capacità di attrarre, ispirare e influenzare gli altri, ma è molto di più di un semplice insieme di abilità sociali. È una combinazione unica di fiducia in sé stessi, empatia, autenticità e capacità di comunicazione che crea una connessione profonda e autentica con le persone. È quella qualità che fa sì che una persona lasci un'impressione duratura, che sia ricordata per la sua presenza e che influenzi positivamente chiunque incontri.

A differenza di ciò che molti potrebbero pensare, il carisma non è necessariamente innato. Sebbene alcune persone sembrino naturalmente più carismatiche, il carisma può essere coltivato e sviluppato attraverso consapevolezza, pratica e miglioramento personale. È un'arte che può essere affinata con il tempo, trasformando chiunque in una presenza irresistibile e influente.

Le Manifestazioni del Carisma

Il carisma si manifesta in modi diversi, a seconda delle situazioni e delle persone coinvolte. Tuttavia, ci sono alcune caratteristiche comuni che tendono a definire una persona carismatica:

1. **Presenza:** Una persona carismatica ha la capacità di far sentire chiunque sia in sua compagnia come se fosse l'unica persona nella stanza. È completamente presente nel momento, ascoltando attentamente e rispondendo con genuino interesse.

Questa attenzione focalizzata crea un senso di connessione e importanza negli altri, rendendo la loro presenza memorabile.

2. **Sicurezza in Sé:** Il carisma nasce da una profonda sicurezza in sé stessi, che si riflette nel modo in cui si parla, ci si muove e ci si comporta. Questa sicurezza non è arroganza, ma una calma interiore che trasmette forza e fiducia agli altri. Una persona carismatica sa chi è, cosa rappresenta e cosa vuole, e questo senso di direzione ispira chi le sta intorno.

3. **Autenticità:** Essere autentici è essenziale per il carisma. Le persone carismatiche non cercano di essere ciò che non sono; invece, abbracciano la loro vera natura e la mostrano al mondo con trasparenza. Questa autenticità crea fiducia e rispetto, poiché gli altri percepiscono che stanno interagendo con qualcuno di reale, non con una facciata costruita.

4. **Empatia e Comprensione:** Le persone carismatiche sanno come entrare in sintonia con gli altri, comprendendo i loro sentimenti, bisogni e desideri. Questa empatia permette loro di comunicare in modo che gli altri si sentano ascoltati e compresi. È attraverso questa connessione emotiva che il carisma prende vita, facendo sì che le persone si sentano attratte da chi mostra di capirle veramente.

5. **Comunicazione Efficace:** Il carisma si esprime anche attraverso il linguaggio verbale e non verbale. Una persona carismatica sa come usare il tono di voce, il linguaggio del corpo e le parole per trasmettere messaggi potenti e persuasivi. Sa quando parlare e, forse ancora più importante, quando ascoltare. La comunicazione diventa un'arte che coinvolge e influenza chiunque sia parte della conversazione.

6. **Energia Positiva:** Il carisma è spesso accompagnato da un'energia positiva e contagiosa che illumina la stanza. Le persone carismatiche tendono a essere ottimiste, motivanti e in grado di elevare l'umore di chiunque si trovi in loro presenza. Questa energia attrae le persone come una calamita, creando un ambiente di entusiasmo e ispirazione.

Il Carisma nel Quotidiano

Il carisma non si limita ai grandi oratori o ai leader mondiali; è una qualità che può essere espressa e sviluppata nelle interazioni quotidiane. Che tu stia partecipando a una riunione di lavoro, incontrando nuovi amici o semplicemente parlando con un conoscente, il carisma può emergere in ogni momento.

Ad esempio, in un contesto professionale, il carisma ti permette di guidare e influenzare il tuo team, ispirando fiducia e motivazione. Nelle relazioni personali, aiuta a creare legami profondi e significativi, rendendoti una persona con cui gli altri vogliono passare del tempo.

Il carisma è una qualità potente e trasformativa, che non solo influisce sulle tue relazioni con gli altri, ma può anche migliorare la tua vita in modo significativo. È l'arte di attrarre e ispirare, una dote che può essere coltivata con dedizione e consapevolezza. Comprendere cosa sia il carisma e come si manifesti è il primo passo per sviluppare questa qualità dentro di te, diventando una persona che lascia un'impressione indelebile su chiunque incontri.

La psicologia del carisma: attrazione, autorevolezza e simpatia

Il carisma è un fenomeno complesso che affonda le sue radici nella psicologia umana. È una qualità che, a prima vista, sembra sfuggire a una definizione chiara, ma che in realtà si basa su dinamiche psicologiche ben definite. Attrazione, autorevolezza e simpatia sono le tre componenti principali che costituiscono il carisma, ciascuna delle quali gioca un ruolo fondamentale nel modo in cui una persona viene percepita e accettata dagli altri.

Attrazione: La Forza Magnetica del Carisma

L'attrazione carismatica è quella qualità che rende una persona irresistibile, capace di catturare l'attenzione e di mantenerla. Non si tratta esclusivamente di bellezza fisica, ma di una combinazione di atteggiamenti, comportamenti e presenza che crea un'aura magnetica intorno a una persona.

A livello psicologico, l'attrazione è spesso il risultato della fiducia in sé stessi e della consapevolezza. Una persona sicura di sé emana una sorta di sicurezza interiore che gli altri trovano affascinante. Questa fiducia è contagiosa: le persone sono naturalmente attratte da chi mostra di avere il controllo delle proprie emozioni e situazioni. L'attrazione carismatica è anche legata alla capacità di essere presenti nel momento, di ascoltare e rispondere con interesse genuino. Quando una persona si sente veramente ascoltata e compresa, si instaura una connessione emotiva che è al cuore dell'attrazione carismatica.

Il linguaggio del corpo, il contatto visivo e l'abilità nel comunicare con chiarezza e calore sono tutti elementi che contribuiscono a questa attrazione. Non è un caso che i leader carismatici sappiano utilizzare questi strumenti con grande efficacia, creando attorno a sé un'aura di fiducia e sicurezza che attira naturalmente gli altri.

Autorevolezza: Il Potere del Carisma

L'autorevolezza è la componente del carisma che infonde rispetto e fiducia. Una persona carismatica non è solo attraente; è anche percepita come competente e degna di fiducia. L'autorevolezza non si basa sul controllo o sull'imposizione, ma sulla capacità di ispirare fiducia e sicurezza negli altri.

Dal punto di vista psicologico, l'autorevolezza nasce dalla coerenza tra ciò che una persona dice e ciò che fa. Le persone carismatiche sono coerenti, mantengono le promesse e agiscono con integrità. Questa coerenza crea un senso di prevedibilità e sicurezza negli altri, che sanno di poter contare su di loro.

Inoltre, l'autorevolezza è strettamente legata alla competenza percepita. Chi dimostra conoscenza, esperienza e abilità in un determinato campo, acquisisce un naturale rispetto dagli altri. Tuttavia, l'autorevolezza non si limita alla mera competenza tecnica; coinvolge anche la capacità di prendere decisioni con sicurezza e di guidare gli altri con una visione chiara e ispirante.

L'autorevolezza carismatica è anche legata alla capacità di gestire le emozioni, sia proprie che altrui. Una persona carismatica sa mantenere la calma sotto pressione e risponde alle situazioni difficili con equilibrio e saggezza, trasmettendo un senso di stabilità che gli altri trovano rassicurante.

Simpatia: La Connessione Umana del Carisma

La simpatia è forse la componente più accessibile del carisma, ma non per questo meno importante. Essere simpatici significa saper stabilire un legame positivo con gli altri, rendendoli a proprio agio e creando un ambiente di apertura e cordialità.

Dal punto di vista psicologico, la simpatia si basa sull'empatia e sulla capacità di capire e rispondere ai bisogni emotivi degli altri. Le persone carismatiche sono in grado di entrare in sintonia con gli stati d'animo altrui e di adattare il loro comportamento per creare un'atmosfera di calore e accoglienza. Questo crea un senso di affinità e fiducia che è fondamentale per costruire relazioni solide e durature.

La simpatia è anche legata alla capacità di far sorridere e di alleggerire l'atmosfera. Una battuta ben piazzata, un sorriso sincero o un gesto di cortesia possono rompere il ghiaccio e avvicinare le persone. Chi è simpatico riesce a creare un ambiente positivo, dove gli altri si sentono apprezzati e valorizzati.

Tuttavia, la simpatia non si riduce al semplice piacere superficiale. È una qualità che richiede sincerità e autenticità. Le persone percepiscono immediatamente quando qualcuno è falsamente amichevole o agisce per interesse. La vera simpatia nasce dal rispetto e dall'interesse genuino per gli altri, elementi che sono al cuore del carisma.

Sintesi: Un'Interazione Dinamica

Attrazione, autorevolezza e simpatia lavorano insieme per creare il carisma. Ogni componente rafforza le altre, creando un'energia sinergica che rende una persona non solo attraente e rispettata, ma anche amata e ammirata.

Il carisma è dunque una combinazione di queste tre forze psicologiche, ognuna delle quali può essere coltivata e sviluppata. Comprendere la psicologia che sta alla base del carisma ti permette di diventare più consapevole di come vieni percepito dagli altri e di come puoi influenzare positivamente le tue relazioni, sia personali che professionali. In definitiva, il carisma è l'arte di connettersi profondamente con gli altri, ispirando fiducia, rispetto e affetto.

Storie di figure carismatiche e cosa possiamo imparare da loro

Il carisma è una qualità rara e preziosa che ha contraddistinto alcune delle personalità più influenti della storia. Queste figure hanno saputo utilizzare il loro carisma non solo per ispirare e guidare le persone intorno a loro, ma anche per lasciare un'impronta indelebile nel mondo. Esplorando le vite di alcuni di questi individui, possiamo trarre insegnamenti preziosi su come sviluppare e applicare il carisma nella nostra vita quotidiana.

1. Winston Churchill: Il Potere della Resilienza e dell'Oratoria

Winston Churchill, il celebre Primo Ministro britannico durante la Seconda Guerra Mondiale, è una delle figure più carismatiche del ventesimo secolo. Churchill era noto per la sua abilità oratoria e la sua capacità di ispirare un'intera nazione nei momenti più bui della guerra.

Churchill incarnava la resilienza. Nonostante le sconfitte iniziali e le critiche che ricevette, mantenne sempre una visione chiara e una determinazione incrollabile. Il suo discorso "We shall fight on the beaches" rimane uno degli esempi più potenti di come il carisma, unito a una comunicazione efficace, possa galvanizzare e unire le persone.

Cosa possiamo imparare: Il carisma non risiede solo nel fascino personale, ma anche nella capacità di restare fermi e sicuri in mezzo alle avversità. La tua voce può diventare una fonte di forza per gli altri se riesci a trasmettere coraggio e determinazione.

2. Nelson Mandela: L'Empatia e la Visione di un Futuro Migliore

Nelson Mandela, leader sudafricano e icona mondiale dei diritti umani, è un esempio di come il carisma possa derivare da un profondo senso di giustizia, empatia e umanità. Dopo 27 anni di prigione, Mandela emerse senza amarezza, ma con una visione di riconciliazione e unità per il Sudafrica.

Mandela era capace di connettersi con chiunque, indipendentemente dalla razza o dalla classe sociale. Il suo carisma risiedeva nella sua autenticità e nella sua capacità di vedere il meglio negli altri, anche nei suoi avversari. La sua leadership carismatica non era basata sulla forza, ma sulla capacità di perdonare e ispirare cambiamento attraverso la compassione.

Cosa possiamo imparare: Il vero carisma è radicato nell'empatia e nella capacità di vedere oltre le differenze. È la forza che deriva dalla capacità di perdonare e di guardare al futuro con speranza e ottimismo, ispirando gli altri a fare lo stesso.

3. Steve Jobs: L'Innovazione e la Visione Spregiudicata

Steve Jobs, co-fondatore di Apple, è ricordato non solo per le sue straordinarie innovazioni tecnologiche, ma anche per il suo carisma magnetico. Jobs era un visionario con una straordinaria capacità di vedere oltre l'orizzonte e di portare gli altri a credere nella sua visione.

Con il suo stile inconfondibile, Jobs sapeva come catturare l'attenzione del pubblico e come presentare le sue idee in modo da renderle irresistibili. La sua attenzione maniacale ai dettagli e la sua capacità di raccontare storie coinvolgenti durante le presentazioni dei prodotti di Apple erano espressioni del suo carisma.

Cosa possiamo imparare: Il carisma può essere alimentato dalla passione per ciò che fai e dalla capacità di trasmettere questa passione agli altri. La convinzione in una visione chiara e il coraggio di perseguirla, anche quando gli altri dubitano, può trasformarti in un leader carismatico e influente.

4. Oprah Winfrey: La Connessione e la Vulnerabilità Autentica

Oprah Winfrey è una delle figure più carismatiche della cultura contemporanea. La sua capacità di connettersi con il pubblico, di entrare in empatia con le storie personali dei suoi ospiti e di condividere apertamente le proprie esperienze di vita, ha costruito una relazione profonda e duratura con milioni di persone.

Oprah ha saputo usare la vulnerabilità come una forza, dimostrando che il carisma non richiede perfezione, ma autenticità. Il suo stile comunicativo, aperto e genuino, ha permesso a molte persone di sentirsi viste e ascoltate, creando una comunità globale di ascoltatori e seguaci.

Cosa possiamo imparare: Il carisma cresce quando abbracciamo la nostra vulnerabilità e ci mostriamo autentici con gli altri. La connessione umana è più forte quando è basata su verità condivise e su esperienze reali, piuttosto che su facciate costruite.

5. Martin Luther King Jr.: L'Inspirazione attraverso la Giustizia e l'Uguaglianza

Martin Luther King Jr. è un simbolo del movimento per i diritti civili negli Stati Uniti, e la sua leadership carismatica ha ispirato milioni di persone a lottare per la giustizia e l'uguaglianza. Il suo discorso "I Have a Dream" è ancora oggi uno dei più potenti e toccanti esempi di oratoria carismatica.

King combinava una visione morale intransigente con una capacità unica di ispirare e mobilitare le masse attraverso la parola. Il suo carisma era ancorato alla sua passione per la giustizia e alla sua fede incrollabile nella nonviolenza come mezzo di cambiamento sociale.

Cosa possiamo imparare: Il carisma può essere potenziato dalla dedizione a una causa più grande di noi stessi. Quando lotti per qualcosa di giusto e significativo, il tuo carisma può ispirare gli altri a unirsi a te, creando movimenti che trasformano il mondo.

Le storie di queste figure carismatiche mostrano che il carisma non è un tratto superficiale, ma una qualità profonda che si radica nella personalità, nei valori e nelle azioni di un individuo. Che si tratti di resilienza, empatia, visione, autenticità o dedizione a una causa, il carisma emerge quando viviamo in modo autentico e ci impegniamo in modo significativo con il mondo intorno a noi. Imparando dalle vite di questi grandi leader, possiamo riflettere su come sviluppare e affinare il nostro carisma, rendendoci non solo più influenti, ma anche più connessi e umani.

Capitolo 2: Stile e Identità Personale

L'importanza dello stile come espressione di sé

Lo stile è molto più di una semplice questione di abbigliamento; è un linguaggio silenzioso che parla di chi sei prima ancora che tu dica una parola. È un'estensione della tua identità personale, un mezzo attraverso il quale esprimi la tua individualità, i tuoi valori e la tua visione del mondo. Lo stile non riguarda solo ciò che indossi, ma come ti presenti al mondo, e come questa presentazione influisce su come gli altri ti percepiscono e interagiscono con te.

Stile e Identità: Un Riflesso Personale

Ogni persona ha una storia, una personalità, e un insieme di esperienze che la rendono unica. Il tuo stile è il riflesso esterno di questa unicità, una manifestazione visibile della tua identità interiore. Vestirsi non è solo una questione di moda, ma di comunicazione. Ogni scelta che fai, dal taglio del vestito alla combinazione dei colori, racconta qualcosa di te.

In un mondo dove le prime impressioni contano, lo stile diventa un potente strumento per comunicare chi sei. Può trasmettere fiducia, competenza, creatività o autorità. Ad esempio, un abito ben tagliato può suggerire professionalità e cura del dettaglio, mentre un look più casual ma curato può trasmettere creatività e apertura mentale.

Essere consapevoli del proprio stile e saperlo utilizzare a proprio vantaggio significa avere il controllo del proprio messaggio visivo. In questo senso, lo stile diventa un modo per affermare la tua identità personale e per distinguerti in un mondo affollato.

L'Autenticità nello Stile

Il segreto per sviluppare uno stile che risuoni davvero con la tua identità personale è l'autenticità. Non si tratta di seguire ciecamente le tendenze della moda o di imitare lo stile di qualcun altro, ma di scoprire ciò che ti rappresenta veramente. Quando il tuo stile è autentico, trasmette sicurezza e coerenza, due qualità che sono alla base del carisma.

L'autenticità nello stile significa conoscere te stesso, capire cosa ti fa sentire a tuo agio e cosa riflette meglio la tua personalità. È un processo di esplorazione e scoperta, in cui sperimenti diversi look, impari a riconoscere cosa ti si addice di più e ad abbandonare ciò che non ti rappresenta.

Un guardaroba autentico è composto da capi che non solo ti fanno apparire bene, ma che ti fanno anche sentire bene. È l'abbigliamento che scegli con cura, perché sai che parla di te in modo veritiero. Questo tipo di stile crea una connessione tra chi sei interiormente e come ti presenti esteriormente, rendendo il tuo aspetto un'estensione naturale del tuo essere.

Stile come Evoluzione Personale

Lo stile, come l'identità, non è statico; evolve con te nel tempo. Le tue esperienze, i cambiamenti nelle tue circostanze personali e professionali, e persino la tua crescita interiore influenzano come scegli di esprimerti attraverso l'abbigliamento. È importante abbracciare questa evoluzione e permettere al tuo stile di crescere insieme a te.

Mentre la moda è ciclica e le tendenze vanno e vengono, il tuo stile personale dovrebbe essere un ancoraggio, un elemento che riflette la tua evoluzione e crescita. Non aver paura di sperimentare con nuovi look e approcci man mano che cambi e maturi. Questa evoluzione non solo mantiene fresco il tuo stile, ma ti permette anche di esprimere chi sei in ogni fase della tua vita.

Lo Stile come Strumento di Connessione

Il modo in cui ti presenti attraverso il tuo stile ha anche un impatto significativo sulle tue relazioni con gli altri. Lo stile può creare un senso di appartenenza e di connessione con le persone che condividono gusti o valori simili, ma può anche fungere da ponte tra culture e gruppi diversi. La cura che metti nel tuo abbigliamento può dimostrare rispetto per chi incontri e per le situazioni in cui ti trovi, facilitando interazioni positive e costruttive.

In un contesto professionale, un abbigliamento appropriato e curato può aprire porte e costruire credibilità. Nelle relazioni personali, può trasmettere empatia, rispetto e attenzione. Lo stile diventa così un veicolo per costruire e mantenere relazioni significative, basate su una prima impressione che invita a conoscere meglio la persona dietro l'abbigliamento.

Lo stile è molto più che una semplice apparenza; è un'espressione tangibile di chi sei, una forma di comunicazione non verbale che influenza le tue interazioni quotidiane. Capire l'importanza dello stile come espressione di sé significa riconoscere il suo potere e utilizzarlo consapevolmente per rappresentare la tua identità in modo autentico e coerente.

Quando abbracci lo stile come parte integrante della tua identità, crei una connessione più forte con te stesso e con gli altri, mostrando al mondo una versione di te che è non solo visibile, ma anche autentica e influente.

Come sviluppare un guardaroba che rifletta la propria personalità

Costruire un guardaroba che rispecchi davvero chi sei non è solo una questione di moda, ma un viaggio di scoperta personale. Il tuo abbigliamento parla di te, delle tue passioni, dei tuoi valori e del modo in cui ti relazioni con il mondo. Un guardaroba ben curato può diventare un'estensione della tua identità, aiutandoti a sentirti più sicuro e autentico in ogni situazione. Ecco come puoi sviluppare un guardaroba che rifletta la tua personalità.

1. Conosci Te Stesso: Definisci il Tuo Stile Personale

Il primo passo per costruire un guardaroba che rifletta la tua personalità è capire chi sei e cosa vuoi comunicare attraverso il tuo abbigliamento. Prenditi il tempo per riflettere su ciò che ti piace e su come ti senti quando indossi certi tipi di abiti. Fai una lista di aggettivi che descrivono la tua personalità: sei creativo, audace, elegante, minimalista, avventuroso? Questi tratti dovrebbero essere il filo conduttore del tuo stile.

Esplora il tuo guardaroba attuale e identifica i pezzi che ti fanno sentire più a tuo agio e sicuro. Cosa hanno in comune? Colori, forme, tessuti? Usali come punto di partenza per definire il tuo stile personale. Se ti senti incerto, prendi ispirazione da icone di stile che ammiri, ma assicurati di adattare ciò che vedi alla tua individualità.

2. Investi in Capi di Qualità: La Base del Tuo Guardaroba

Un guardaroba che rifletta la tua personalità deve essere costruito su una solida base di capi di qualità. Non si tratta di accumulare una grande quantità di vestiti, ma di scegliere pezzi che siano versatili, ben fatti e che possano durare nel tempo.

Investi in capi classici che non passano mai di moda: un buon blazer, un paio di jeans ben tagliati, una camicia bianca perfetta. Questi pezzi essenziali possono essere combinati in molti modi diversi e fungono da base per costruire look più complessi che riflettono la tua personalità.

Quando acquisti nuovi capi, pensa a lungo termine. Chiediti se quel pezzo si adatta al resto del tuo guardaroba e se riflette la tua identità. Scegli tessuti di qualità, che non solo dureranno nel tempo, ma ti faranno anche sentire bene ogni volta che li indossi.

3. Colori e Motivi: Esprimi la Tua Individualità

I colori e i motivi che scegli di indossare possono dire molto di te. I colori hanno un potente effetto psicologico e possono influenzare sia il tuo stato d'animo che quello delle persone intorno a te. Ad esempio, i colori neutri come il nero, il bianco e il grigio trasmettono eleganza e professionalità, mentre i colori vivaci come il rosso e il giallo esprimono energia e creatività.

Per sviluppare un guardaroba che rispecchi la tua personalità, scegli una palette di colori che ami e che ti fa sentire bene. Non aver paura di sperimentare con colori e motivi diversi per vedere cosa ti rappresenta meglio. Tuttavia, è importante che questi elementi si integrino armoniosamente nel tuo guardaroba, permettendoti di creare look coerenti e coordinati.

Ricorda, non esistono regole fisse: se ti senti attratto da un colore o da un motivo in particolare, prova a incorporarlo nei tuoi outfit. L'importante è che tu ti senta autentico e a tuo agio nelle tue scelte.

4. Personalizza il Tuo Look: Accessori e Dettagli

Gli accessori sono un modo eccellente per personalizzare il tuo guardaroba e aggiungere un tocco di unicità ai tuoi outfit. Orologi, cinture, sciarpe, occhiali e gioielli possono trasformare un look semplice in qualcosa di speciale, riflettendo il tuo stile e la tua personalità.

Scegli accessori che risuonano con te e che ti permettano di esprimere la tua individualità. Se hai un legame particolare con un certo simbolo, un colore o un materiale, cerca accessori che incorporino questi elementi. Anche i dettagli fanno la differenza: un orologio con un design unico, una cravatta con un motivo particolare o una borsa artigianale possono diventare le firme del tuo stile personale.

5. Mantieni Coerenza: Organizza il Tuo Guardaroba

Un guardaroba che riflette la tua personalità non deve essere solo pieno di pezzi che ti piacciono, ma deve anche essere organizzato in modo che tu possa facilmente trovare e combinare ciò che hai. Mantieni una certa coerenza nei tuoi acquisti, cercando di costruire un insieme di capi che lavorano bene insieme.

Organizza il tuo guardaroba in modo logico: separa i capi per categoria, stagione e colore. Questo non solo ti aiuterà a vedere chiaramente cosa hai, ma ti permetterà anche di creare combinazioni che riflettano meglio il tuo stile personale.

6. Aggiorna e Rinnova: Un Guardaroba in Evoluzione

La moda è in continua evoluzione, così come la tua personalità. È importante aggiornare il tuo guardaroba per mantenere il tuo stile fresco e attuale, senza però tradire la tua identità. Rinnova periodicamente i tuoi capi, eliminando quelli che non ti rappresentano più e aggiungendo nuovi pezzi che rispecchiano i cambiamenti nella tua vita e nel tuo gusto.

Non avere paura di sperimentare con nuovi stili o tendenze, purché siano coerenti con la tua personalità. Un guardaroba che evolve con te ti permette di esprimerti sempre al meglio, adattandoti ai cambiamenti nella tua vita senza perdere la tua essenza.

Sviluppare un guardaroba che rifletta la tua personalità è un processo che richiede introspezione, sperimentazione e consapevolezza. Non si tratta solo di seguire le mode, ma di costruire un insieme di capi che raccontino la tua storia e ti facciano sentire autentico e sicuro in ogni situazione. Investendo in pezzi di qualità, scegliendo colori e motivi che ti rappresentano, personalizzando il tuo look con accessori e dettagli unici e mantenendo il tuo guardaroba organizzato e aggiornato, puoi creare uno stile che sia un vero riflesso di chi sei e di come vuoi essere percepito nel mondo.

Consigli su abbigliamento per diverse occasioni: casual, formale, business

Sapere come vestirsi per diverse occasioni è una competenza fondamentale per ogni gentiluomo moderno. L'abbigliamento giusto non solo ti fa apparire bene, ma dimostra anche rispetto per le persone e per le situazioni in cui ti trovi. Che si tratti di un evento casual, formale o business, scegliere l'outfit appropriato può fare la differenza tra sentirti fuori posto o perfettamente a tuo agio. Ecco una guida su come vestirsi per diverse occasioni, assicurandoti di riflettere la tua personalità e il tuo stile in ogni contesto.

1. Look Casual: Comodità con Stile

L'abbigliamento casual è quello che scegli per il tempo libero, per uscire con gli amici o per svolgere attività quotidiane. Anche se il look casual è più rilassato, questo non significa trascurato. È importante trovare un equilibrio tra comfort e stile, creando un outfit che sia adatto al contesto ma che esprima anche la tua personalità.

Capi chiave:

- **Jeans o pantaloni chino:** Un paio di jeans ben tagliati è un must per un look casual. Per un'alternativa più raffinata, i pantaloni chino sono ideali e offrono un tocco di eleganza.

- **T-shirt o polo:** Opta per t-shirt di qualità o polo in colori neutri o con stampe discrete. Questi capi sono versatili e possono essere abbinati facilmente.

- **Maglione o felpa:** Nei mesi più freddi, un maglione leggero o una felpa in cotone possono aggiungere uno strato di comfort senza compromettere lo stile.

- **Sneakers o mocassini:** Scegli delle sneakers pulite e ben curate per un look casual rilassato, oppure dei mocassini per un tocco di eleganza in più.

Accessori:

- **Orologio casual:** Un orologio sportivo o con cinturino in pelle può completare il look.

- **Occhiali da sole:** Gli occhiali da sole aggiungono stile e proteggono i tuoi occhi, specialmente durante le giornate soleggiate.

Consiglio finale: Anche se l'abbigliamento casual è più informale, è importante mantenere un aspetto curato. Assicurati che i tuoi vestiti siano puliti, stirati e adatti alla tua figura. I dettagli fanno la differenza.

2. Look Formale: Eleganza senza Compromessi

L'abbigliamento formale è richiesto in occasioni speciali come matrimoni, eventi di gala, o cene eleganti. In questi contesti, è essenziale presentarsi con un look impeccabile che trasmetta raffinatezza e classe. L'eleganza è la parola chiave, e ogni dettaglio del tuo outfit deve essere curato con attenzione.

Capi chiave:

- **Abito sartoriale:** Un abito su misura o ben tagliato è l'elemento centrale del look formale. I colori classici come il nero, il blu scuro o il grigio sono i più adatti. Assicurati che l'abito sia della giusta misura, né troppo stretto né troppo largo.

- **Camicia bianca o in colori tenui:** Una camicia bianca è sempre una scelta sicura per un look formale. In alternativa, puoi optare per una camicia in colori tenui come il celeste o il rosa pallido.

- **Cravatta:** La cravatta deve essere in armonia con l'abito e la camicia. Scegli un colore che completi il tuo outfit senza essere troppo appariscente.

- **Scarpe eleganti:** Le scarpe Oxford o Derby in pelle nera o marrone scuro sono perfette per un look formale. Assicurati che siano ben lucidate.

Accessori:

- **Gemelli:** Aggiungi un tocco di eleganza con dei gemelli raffinati. Possono essere semplici o decorati, a seconda del tuo stile.

- **Orologio da polso elegante:** Un orologio da polso classico con cinturino in pelle o in metallo completa il look.

- **Pochette da taschino:** Una pochette in seta o cotone, piegata con cura, aggiunge un dettaglio raffinato al tuo outfit.

Consiglio finale: In un contesto formale, l'attenzione ai dettagli è essenziale. Assicurati che l'abito sia perfettamente stirato, che la cravatta sia ben annodata e che le scarpe siano pulite e lucidate. La cura dei dettagli dimostra rispetto per l'occasione e per le persone presenti.

3. Look Business: Professionalità e Raffinatezza

L'abbigliamento business è ciò che indossi in contesti lavorativi formali o per eventi professionali come riunioni, conferenze o presentazioni. Il look business deve comunicare professionalità, autorevolezza e attenzione ai dettagli, pur mantenendo un aspetto sobrio e sofisticato.

Capi chiave:

- **Abito business:** Scegli un abito classico, preferibilmente in colori neutri come il grigio scuro, il blu navy o il nero. L'abito dovrebbe essere ben tagliato e di qualità, con un fit che si adatta perfettamente alla tua figura.

- **Camicia formale:** Una camicia bianca, azzurra o in altre tonalità neutre è ideale per un look business. Assicurati che la camicia sia stirata e ben abbottonata.

- **Cravatta professionale:** Opta per una cravatta in seta o lana con un design semplice. I colori solidi o i motivi classici come righe o piccoli disegni geometrici sono appropriati.

- **Scarpe formali:** Le scarpe Oxford, Derby o Monk strap in pelle nera o marrone scuro sono scelte eccellenti per il business. Devono essere ben curate e lucide.

Accessori:

- **Cintura in pelle:** Una cintura in pelle coordinata con le scarpe è un accessorio essenziale per completare il look.

- **Orologio da polso sobrio:** Un orologio elegante ma discreto è perfetto per un contesto professionale.

- **Cartella o borsa da lavoro:** Una cartella in pelle o una borsa da lavoro di qualità non solo è funzionale, ma aggiunge un tocco di eleganza al tuo outfit business.

Consiglio finale: Nel mondo degli affari, l'immagine che proietti è cruciale. Mantieni sempre un aspetto curato e professionale, prestando attenzione alla qualità e alla coordinazione dei capi che indossi. Anche in un ambiente lavorativo, l'abbigliamento giusto può rafforzare la tua presenza e la tua autorevolezza.

Saper adattare il proprio abbigliamento alle diverse occasioni è fondamentale per un gentiluomo che vuole essere sempre a suo agio e appropriato. Che si tratti di un incontro casual, un evento formale o un contesto business, il segreto sta nel trovare un equilibrio tra il rispetto per il contesto e l'espressione della propria personalità. Con il giusto approccio, il tuo guardaroba può diventare un potente strumento di comunicazione, capace di riflettere chi sei in ogni situazione.

L'arte dell'accessorio: dettagli che fanno la differenza

Gli accessori sono come le spezie in cucina: se usati correttamente, possono trasformare un outfit semplice in qualcosa di straordinario. In un mondo dove i dettagli contano, l'arte di scegliere e abbinare gli accessori è una competenza che ogni gentiluomo dovrebbe coltivare. Gli accessori non solo completano il tuo look, ma esprimono anche la tua personalità e il tuo stile in modo sottile ma efficace. Ecco come padroneggiare l'arte dell'accessorio e fare in modo che ogni dettaglio parli di te.

1. Il Potere degli Accessori: Oltre l'Abbigliamento

Gli accessori hanno un ruolo cruciale nell'abbigliamento maschile perché aggiungono profondità e carattere al tuo look. Mentre l'abbigliamento crea la base, gli accessori sono ciò che ti distingue e che dimostra la tua attenzione ai dettagli. Essi possono riflettere il tuo gusto personale, mostrare il tuo stato d'animo, o persino fare una dichiarazione di stile audace.

L'arte degli accessori consiste nel bilanciare l'eleganza con la funzionalità. Ogni pezzo deve essere scelto con cura, considerando come si abbina al resto del tuo outfit e quale messaggio intendi comunicare. Ricorda: gli accessori non devono mai sopraffare il tuo look, ma piuttosto completarlo.

2. L'Orologio: L'Eleganza al Polso

L'orologio è probabilmente l'accessorio maschile per eccellenza. Non è solo un modo per tenere traccia del tempo, ma anche un simbolo di stile e personalità. Esistono orologi per ogni occasione e tipo di abbigliamento, e la scelta del giusto orologio può elevare il tuo intero outfit.

Per il look formale: Un orologio da polso classico con cinturino in pelle o bracciale in metallo è perfetto per occasioni formali e contesti business. Scegli un design sobrio e senza tempo, che esprima raffinatezza e discrezione.

Per il look casual: Un orologio sportivo o un cronografo può aggiungere un tocco di robustezza al tuo look casual. Considera modelli con cinturini in pelle, nylon o gomma per un aspetto più rilassato.

Per il look moderno: Se preferisci un'estetica più contemporanea, opta per un orologio minimalista con design pulito e linee semplici. Questi orologi, spesso con quadranti essenziali e colori neutri, si adattano bene a una varietà di outfit.

3. La Cravatta e il Papillon: Un Tocco di Eleganza

La cravatta è un classico accessorio maschile che può trasformare un look business in un'icona di stile. Il papillon, meno comune ma ugualmente elegante, aggiunge un tocco di originalità.

Scegliere la cravatta giusta: La cravatta dovrebbe armonizzarsi con il colore della camicia e dell'abito. I colori solidi sono sicuri e versatili, mentre i motivi come righe, pois o disegni geometrici possono aggiungere un po' di personalità. La larghezza della cravatta dovrebbe essere proporzionata alla larghezza del bavero della giacca.

Il papillon: Perfetto per eventi formali o serate speciali, il papillon può essere una scelta audace che denota stile e sicurezza. Può essere in seta, velluto o cotone, e può variare dai colori classici ai motivi più stravaganti, a seconda dell'occasione.

4. La Cintura: Un Elemento di Coesione

La cintura è un accessorio funzionale che spesso viene sottovalutato, ma ha un ruolo cruciale nel completare il tuo look. Deve essere in armonia con le scarpe e con l'intero outfit, fungendo da elemento di coesione.

Materiale e colore: Le cinture in pelle sono le più versatili e possono essere usate sia in contesti formali che casual. La regola d'oro è abbinare il colore della cintura a quello delle scarpe: nero con nero, marrone con marrone, e così via.

Fibbia: La fibbia della cintura dovrebbe essere discreta e proporzionata. Evita fibbie troppo appariscenti in contesti formali, mentre in contesti più casual puoi osare un po' di più con design più creativi.

5. Le Scarpe: Il Fondamento dello Stile

Le scarpe sono spesso considerate il fondamento dello stile maschile. Non importa quanto sia curato il tuo outfit, se le tue scarpe non sono all'altezza, l'intero look ne risentirà.

Scarpe formali: Oxford, Derby, e Monk strap in pelle nera o marrone sono essenziali per un look business o formale. La qualità e la pulizia delle scarpe sono fondamentali: assicurati che siano sempre ben lucidate.

Scarpe casual: Mocassini, desert boots, e sneakers di qualità sono perfetti per un look casual ma curato. Opta per materiali come pelle, camoscio o tela, e colori che si integrano bene con il tuo guardaroba.

Scarpe estive: In estate, puoi optare per mocassini in camoscio o scarpe in tela per un look fresco e leggero. Anche i sandali in pelle, se indossati con gusto, possono aggiungere un tocco di classe alle tue uscite estive.

6. Gli Occhiali: Funzionalità e Stile

Gli occhiali, sia da vista che da sole, sono un accessorio che può avere un forte impatto sul tuo look complessivo. Oltre alla loro funzione pratica, gli occhiali possono aggiungere personalità e raffinatezza.

Occhiali da sole: Scegli un paio di occhiali da sole che si adatti alla forma del tuo viso e che completi il tuo stile personale. Modelli classici come gli aviator o i wayfarer sono sempre una scelta sicura, ma non esitare a esplorare forme e colori diversi per esprimere il tuo stile unico.

Occhiali da vista: Anche gli occhiali da vista possono essere un elemento di stile. Opta per montature che si abbinino al tuo viso e al tuo guardaroba. Montature in metallo per un look moderno, in acetato per un tocco di vintage, o in colori neutri per la massima versatilità.

7. Gli Altri Dettagli: Gemelli, Sciarpe, Pochette

Infine, ci sono una serie di piccoli accessori che possono aggiungere un ulteriore livello di raffinatezza al tuo outfit. I gemelli, ad esempio, sono un tocco elegante per le camicie formali. Le sciarpe, oltre a essere funzionali, possono aggiungere colore e texture. Le pochette da taschino sono un dettaglio sofisticato che può davvero fare la differenza.

Gemelli: Aggiungi un paio di gemelli in metallo prezioso o con dettagli raffinati per completare il tuo look formale. Scegli modelli che riflettano il tuo gusto personale senza risultare eccessivi.

Sciarpa: Una sciarpa in lana o cashmere nei mesi invernali, o in seta nei mesi più caldi, può essere l'elemento distintivo che aggiunge carattere al tuo outfit.

Pochette da taschino: Le pochette possono essere di seta, cotone o lino, e offrono l'opportunità di aggiungere un tocco di colore o pattern al tuo abbigliamento formale. Scegli una pochette che si abbini al resto del tuo look ma che allo stesso tempo crei un contrasto interessante.

L'arte dell'accessorio consiste nel saper scegliere e combinare quei piccoli dettagli che, insieme, creano un look completo e armonioso. Gli accessori non devono mai essere un ripensamento, ma piuttosto una parte integrale del tuo outfit, che rifletta il tuo stile personale e la tua attenzione ai dettagli. Che tu stia cercando di elevare un look casual, aggiungere eleganza a un outfit formale, o esprimere professionalità in un contesto business, padroneggiare l'arte dell'accessorio ti permetterà di fare sempre una grande impressione.

Capitolo 3: Il Linguaggio del Corpo e la Presenza

L'impatto del linguaggio del corpo sulla percezione altrui

L'Impatto del Linguaggio del Corpo sulla Percezione Altrui

Il linguaggio del corpo è una forma di comunicazione potente e silenziosa, capace di influenzare profondamente la percezione che gli altri hanno di noi. Anche quando non parliamo, il nostro corpo trasmette continuamente messaggi attraverso posture, gesti, espressioni facciali e movimenti. Per un gentiluomo moderno, padroneggiare il linguaggio del corpo è essenziale non solo per esprimere sicurezza e autorevolezza, ma anche per costruire relazioni efficaci e autentiche.

1. Il Potere della Postura

La postura è il fondamento del linguaggio del corpo e può trasmettere immediatamente la tua presenza e il tuo stato emotivo. Una postura eretta con le spalle rilassate e allineate, il petto aperto e la testa alta comunica sicurezza, apertura e controllo. Al contrario, una postura curva o chiusa, con le spalle abbassate e la testa china, può suggerire insicurezza, disagio o sottomissione.

Come migliorare la tua postura:

- **Allenati a mantenere la schiena dritta:** Immagina una corda invisibile che ti tira verso l'alto dalla sommità della testa. Questo ti aiuterà a mantenere la colonna vertebrale allineata.

- **Controlla la posizione delle spalle:** Le spalle dovrebbero essere rilassate, non rigide, e leggermente tirate indietro. Evita di inarcare troppo la schiena, mantenendo invece un allineamento naturale.

- **Sii consapevole del tuo linguaggio del corpo:** Durante le conversazioni o le presentazioni, controlla periodicamente la tua postura per assicurarti di non incurvarti o di chiuderti su te stesso.

2. L'importanza dello Sguardo

Il contatto visivo è uno degli strumenti più potenti del linguaggio del corpo. Uno sguardo fermo e diretto può trasmettere sicurezza, interesse e sincerità, mentre uno sguardo sfuggente o troppo prolungato può generare disagio o sospetto.

Come usare il contatto visivo a tuo vantaggio:

- **Mantieni il contatto visivo naturale:** Durante una conversazione, cerca di mantenere il contatto visivo per circa 60-70% del tempo. Questo dimostra che sei attento e coinvolto, ma evita di fissare troppo a lungo, il che può risultare intimidatorio.

- **Adatta il contatto visivo al contesto:** In contesti formali o professionali, un contatto visivo più sostenuto è spesso appropriato. In situazioni più rilassate, è accettabile abbassare lo sguardo di tanto in tanto.

- **Leggi gli occhi dell'interlocutore:** Gli occhi di una persona possono rivelare molto su come si sente. Imparare a leggere questi segnali può aiutarti a capire meglio l'altro e ad adattare il tuo comportamento di conseguenza.

3. Gesti e Movimenti: Comunicare Senza Parole

I gesti sono un'altra componente fondamentale del linguaggio del corpo. Possono sottolineare ciò che stai dicendo, esprimere emozioni o, se non controllati, tradire nervosismo o insicurezza.

Gestire i gesti in modo efficace:

- **Gesti aperti e controllati:** Usa le mani per enfatizzare i punti chiave durante una conversazione, ma mantienili sotto controllo per evitare movimenti eccessivi che potrebbero distrarre o comunicare ansia.

- **Evita i gesti di chiusura:** Incrociare le braccia o le gambe può essere interpretato come un segnale di chiusura o difesa. Cerca di mantenere una postura aperta, soprattutto in contesti sociali o professionali.

- **Utilizza gesti coerenti con il tuo messaggio:** I tuoi gesti dovrebbero essere in armonia con le tue parole. Ad esempio, se stai parlando di un argomento positivo, i gesti ampi e aperti sono più appropriati.

4. L'Espressione Facciale: La Finestra delle Emozioni

Il volto è una delle parti più espressive del corpo, e le microespressioni facciali possono rivelare molto di ciò che provi, spesso più di quanto le parole possano fare. Un sorriso sincero può creare immediatamente un legame, mentre una fronte corrugata può segnalare disapprovazione o disagio.

Come gestire le espressioni facciali:

- **Sorridi con autenticità:** Un sorriso genuino coinvolge gli occhi e non solo la bocca. Usalo per creare un'atmosfera di cordialità e accoglienza.

- **Controlla le tue reazioni spontanee:** In situazioni stressanti o di confronto, cerca di mantenere la calma e di non lasciare che le emozioni negative si riflettano troppo nel tuo volto.

- **Usa le espressioni per rafforzare il messaggio:** Le tue espressioni facciali dovrebbero essere coerenti con ciò che stai dicendo. Ad esempio, annuire leggermente con la testa mentre ascolti mostra attenzione e accordo.

5. La Distanza Interpersonale: Il Concetto di Spazio Personale

La distanza fisica che mantieni rispetto agli altri è un indicatore importante di comfort e relazione. Troppo vicino e potresti risultare invadente; troppo distante, e potresti sembrare distaccato o disinteressato.

Comprendere e gestire la distanza interpersonale:

- **Spazio personale:** In contesti sociali informali, una distanza di circa un braccio è generalmente appropriata. In situazioni professionali, mantieni una distanza leggermente maggiore per rispettare lo spazio personale dell'altro.

- **Adattati alle preferenze culturali:** La percezione dello spazio personale varia a seconda delle culture. Informati e adattati al contesto culturale in cui ti trovi per evitare malintesi.

- **Osserva le reazioni degli altri:** Se noti che qualcuno si sposta leggermente indietro mentre parli, potrebbe significare che desidera più spazio. Rispettare questi segnali può aiutare a mantenere un'interazione armoniosa.

Il linguaggio del corpo è un elemento cruciale della tua presenza personale e può influenzare profondamente il modo in cui gli altri ti percepiscono. Padroneggiare la postura, il contatto visivo, i gesti, le espressioni facciali e la distanza interpersonale ti permette di comunicare in modo più efficace e autentico, creando connessioni più profonde e significative. Non dimenticare che, come per qualsiasi altra forma di comunicazione, la coerenza tra ciò che il tuo corpo dice e ciò che le tue parole esprimono è fondamentale per costruire fiducia e credibilità.

Tecniche per migliorare postura, gestualità e contatto visivo

Padroneggiare il linguaggio del corpo è essenziale per un gentiluomo che desidera trasmettere fiducia, autorevolezza e carisma. Migliorare la postura, la gestualità e il contatto visivo richiede consapevolezza e pratica costante. Di seguito, troverai tecniche efficaci per affinare queste abilità e perfezionare la tua presenza in ogni contesto.

1. Migliorare la Postura

Una buona postura non solo trasmette sicurezza e apertura, ma contribuisce anche al benessere fisico generale. Ecco alcune tecniche per migliorare e mantenere una postura corretta:

- **Consapevolezza della Postura:** Inizia a monitorare la tua postura durante la giornata. Ogni tanto, fai una pausa per controllare se stai mantenendo la schiena dritta e le spalle allineate. Usa promemoria visivi o impostazioni di allarme sul tuo telefono per ricordarti di correggere la postura.

- **Esercizi di Rinforzo Muscolare:** Rafforzare i muscoli della schiena, del collo e dell'addome è fondamentale per sostenere una postura corretta. Esercizi come il plank, gli squat e il ponte glutei possono aiutarti a sviluppare la forza necessaria per mantenere una posizione eretta senza sforzo.

- **Stretching Quotidiano:** Integrare una routine di stretching per il petto, le spalle e il collo aiuta a prevenire la tensione muscolare che può portare a una postura incurvata. Dedica alcuni minuti ogni giorno a esercizi di allungamento per mantenere i muscoli flessibili e allineati.

- **Allenamento alla Seduta Corretta:** Se passi molte ore seduto, è fondamentale avere una sedia ergonomica e regolare l'altezza in modo che i piedi siano ben appoggiati a terra e le ginocchia siano a un angolo di 90 gradi. Mantieni la schiena dritta e le spalle rilassate, e se necessario, usa un supporto lombare.

- **Pratica di Camminata Consapevole:** Quando cammini, immagina di portare un libro sulla testa per mantenere una postura eretta. Questo esercizio aiuta a sviluppare l'abitudine di mantenere una postura dignitosa e sicura durante i movimenti.

2. Affinare la Gestualità

I gesti sono un potente strumento di comunicazione non verbale che, se usati con consapevolezza, possono rafforzare il tuo messaggio e la tua presenza. Ecco come perfezionare la tua gestualità:

- **Gesti Misurati e Decisi:** Evita movimenti eccessivi o nervosi delle mani. Allenati a compiere gesti misurati, che siano fluidi e naturali. Un buon modo per farlo è esercitarsi davanti a uno specchio o registrarsi durante una conversazione, prestando attenzione ai movimenti delle mani.

- **Utilizzo di Gesti Aperti:** I gesti aperti, come mostrare i palmi delle mani, suggeriscono trasparenza e fiducia. Usa movimenti ampi che coinvolgano lo spazio intorno a te per enfatizzare i tuoi punti principali durante una conversazione.

- **Coerenza con il Messaggio Verbale:** I tuoi gesti dovrebbero sempre essere in sintonia con ciò che stai dicendo. Ad esempio, usa un gesto di conta con le dita quando elenchi i punti principali, oppure un movimento di mani che si allontanano per indicare un concetto di espansione o crescita.

- **Controllo dei Gesti Involontari:** Spesso, piccoli gesti involontari come toccarsi il viso, giocherellare con una penna o incrociare le braccia possono trasmettere nervosismo o disinteresse. Diventa consapevole di questi gesti e cerca di eliminarli o sostituirli con azioni più positive, come appoggiare le mani sulle ginocchia o sul tavolo.

3. Migliorare il Contatto Visivo

Il contatto visivo è una componente cruciale del linguaggio del corpo, capace di stabilire connessioni emotive e trasmettere sincerità e autorevolezza. Ecco alcune tecniche per migliorare il tuo contatto visivo:

- **Pratica del Contatto Visivo:** Inizia con esercizi semplici, come mantenere il contatto visivo con amici o colleghi durante brevi conversazioni. Aumenta gradualmente la durata del contatto visivo fino a quando diventerà un'abitudine naturale.

- **Regola dei Tre Secondi:** Mantieni il contatto visivo per circa tre secondi, poi distogli lo sguardo brevemente prima di tornare a guardare l'interlocutore. Questo ti aiuterà a evitare un fissare eccessivo, che potrebbe risultare intimidatorio, mantenendo però un livello di attenzione e coinvolgimento adeguato.

- **Osserva le Reazioni dell'Interlocutore:** Impara a leggere le reazioni altrui. Se noti che qualcuno sembra a disagio o distoglie lo sguardo frequentemente, può essere utile ridurre l'intensità del contatto visivo per far sentire l'altra persona più a suo agio.

- **Equilibrio tra Contatto Visivo e Altri Segnali:** Anche se il contatto visivo è importante, non dimenticare di usare anche altri segnali del linguaggio del corpo, come un sorriso o un lieve annuire, per rafforzare il messaggio e mostrare empatia e partecipazione.

- **Allenamento con il Riflessione:** Guardati allo specchio e prova a mantenere il contatto visivo con il tuo riflesso mentre pronunci alcune frasi. Questo esercizio può aiutarti a sviluppare una maggiore consapevolezza e fiducia nel mantenere il contatto visivo durante conversazioni reali.

Il linguaggio del corpo è un'arte sottile, ma con la pratica e la consapevolezza, puoi imparare a utilizzarlo per trasmettere autorevolezza, fiducia e carisma in ogni situazione. Migliorare la postura, la gestualità e il contatto visivo non solo influenzerà positivamente la percezione che gli altri hanno di te, ma rafforzerà anche la tua sicurezza interna. Con questi strumenti, sarai in grado di comunicare in modo più efficace e di costruire relazioni più autentiche e significative.

Come costruire una presenza magnetica e sicura di sé

Una presenza magnetica è quella qualità intangibile che attira le persone verso di te, che fa sì che gli altri ti notino e ti ascoltino con attenzione. È una combinazione di sicurezza, carisma e autenticità che può essere sviluppata con intenzione e pratica. Una presenza sicura di sé, invece, non si limita a come ti presenti agli altri, ma riflette anche come ti percepisci internamente. Ecco come coltivare entrambe queste qualità per diventare una figura che emana fiducia e attira naturalmente l'attenzione positiva degli altri.

1. Autenticità: La Base della Presenza

Essere autentici significa essere sinceri e fedeli a se stessi, esprimendo ciò che si pensa e si sente senza maschere o finzioni. L'autenticità è alla base di una presenza magnetica perché le persone sono naturalmente attratte da chi è genuino e trasparente.

- **Conosci Te Stesso:** Prenditi del tempo per riflettere su chi sei, sui tuoi valori e su ciò che è importante per te. Quando sei consapevole di te stesso, è più facile agire in modo coerente con chi sei veramente, senza cercare di compiacere o adattarti eccessivamente agli altri.

- **Accetta le Tue Imperfezioni:** Essere autentico non significa essere perfetto. Accetta le tue imperfezioni e riconosci che fanno parte di te. Le persone sono attratte da chi mostra vulnerabilità e umanità.

- **Esprimi la Tua Voce Unica:** Non avere paura di esprimere le tue opinioni e i tuoi pensieri in modo chiaro e rispettoso. La tua prospettiva unica è ciò che ti rende interessante agli occhi degli altri.

2. Sicurezza Interiore: Il Pilastro della Fiducia

La sicurezza di sé proviene da una profonda convinzione nelle proprie capacità e nel proprio valore. Questa sicurezza interiore è essenziale per costruire una presenza che ispira rispetto e fiducia.

- **Riconosci i Tuoi Successi:** Mantieni un diario dei tuoi successi, grandi o piccoli. Rileggere questi successi ti aiuta a costruire una base solida di autostima e a ricordare di cosa sei capace.

- **Affronta le Tue Paure:** La crescita personale avviene spesso al di fuori della tua zona di comfort. Impara a identificare le tue paure e affrontale gradualmente, aumentando così la tua sicurezza nelle situazioni difficili.

- **Pratica l'Auto-Dialogo Positivo:** Sostituisci i pensieri negativi con affermazioni positive. Parla a te stesso come faresti con un amico fidato, incoraggiandoti e sostenendoti nelle sfide quotidiane.

3. Comunicazione Efficace: Il Veicolo del Carisma

La tua capacità di comunicare chiaramente e con impatto è un elemento chiave per costruire una presenza magnetica. La comunicazione efficace non riguarda solo ciò che dici, ma anche come lo dici.

- **Ascolto Attivo:** Mostra un sincero interesse per gli altri ascoltando attentamente quando parlano, senza interrompere o distrarti. Questo crea una connessione profonda e mostra che apprezzi la persona con cui stai interagendo.

- **Parla con Intento:** Usa un linguaggio chiaro e conciso, evitando di divagare. Scegli le parole con attenzione per trasmettere il tuo messaggio in modo diretto e sicuro.

- **Variazione Vocale:** Usa variazioni nel tono, volume e ritmo della tua voce per mantenere viva l'attenzione del tuo pubblico e aggiungere enfasi ai tuoi punti chiave. Una voce monotona può far perdere interesse, mentre una voce espressiva mantiene le persone coinvolte.

4. L'Impatto del Linguaggio del Corpo

Il linguaggio del corpo gioca un ruolo cruciale nel modo in cui gli altri percepiscono la tua presenza. Una postura aperta e sicura, un contatto visivo diretto e gesti controllati possono comunicare fiducia e autorevolezza anche senza dire una parola.

- **Mantieni una Postura Aperta:** Stai in piedi con la schiena dritta, le spalle rilassate e il petto aperto. Questo non solo ti farà sembrare più sicuro, ma influenzerà anche il modo in cui ti senti internamente.

- **Contatto Visivo:** Mantieni un contatto visivo adeguato per mostrare interesse e connessione. Evita di guardare costantemente in basso o di evitare gli occhi degli altri, poiché questo potrebbe essere interpretato come segno di insicurezza.

- **Gesti Intenzionali:** Usa gesti ampi e lenti per sottolineare i punti chiave durante una conversazione. Evita movimenti nervosi o eccessivi che possono distrarre o ridurre l'impatto del tuo messaggio.

5. Sviluppo dell'Empatia: Connettersi con gli Altri

L'empatia è la capacità di comprendere e condividere i sentimenti degli altri. Una persona empatica crea relazioni più profonde e significative, che a loro volta rafforzano la sua presenza magnetica.

- **Mettersi nei Panni degli Altri:** Cerca di vedere le cose dal punto di vista degli altri, comprendendo le loro emozioni e motivazioni. Questo ti aiuterà a rispondere in modo più efficace e a costruire un rapporto di fiducia.

- **Mostrare Compassione:** Sii sensibile alle esigenze e alle difficoltà altrui. Un atto di gentilezza o una parola di incoraggiamento possono avere un impatto significativo e costruire un legame emotivo con chi ti circonda.

- **Comunicazione Empatica:** Riconosci le emozioni degli altri nelle tue risposte. Frasi come "Capisco come ti senti" o "Deve essere stato difficile per te" mostrano che sei in sintonia con le esperienze degli altri.

6. Costruire una Routine di Cura di Sé

Una presenza sicura e magnetica inizia con il prendersi cura di se stessi. La cura di sé non riguarda solo l'aspetto fisico, ma anche il benessere mentale ed emotivo.

- **Esercizio Fisico Regolare:** Mantenere un'attività fisica costante non solo migliora il tuo aspetto e la tua salute, ma aumenta anche i livelli di energia e riduce lo stress, contribuendo a una maggiore sicurezza di sé.

- **Cura dell'Aspetto:** Investi nel tuo stile personale e mantieni una routine di grooming. Sentirsi a proprio agio con il proprio aspetto influisce direttamente sulla tua sicurezza e sulla tua presenza.

- **Mindfulness e Meditazione:** Pratica tecniche di mindfulness per rimanere presente e ridurre l'ansia. La meditazione regolare può aiutarti a sviluppare una maggiore consapevolezza di te stesso e a mantenere la calma nelle situazioni stressanti.

Costruire una presenza magnetica e sicura di sé è un processo che richiede impegno e pratica. Ogni aspetto, dall'autenticità alla cura di sé, contribuisce a creare quella qualità intangibile che ti rende irresistibile agli occhi degli altri. Ricorda che la chiave sta nel bilanciare l'autoconsapevolezza con un genuino interesse per gli altri. Con il tempo, svilupperai una presenza che non solo attira, ma ispira e lascia un impatto duraturo in ogni interazione.

Capitolo 4: Comunicazione Efficace

L'importanza della voce: tono, ritmo e volume

L'Importanza della Voce: Tono, Ritmo e Volume

La voce è uno strumento potentissimo nella comunicazione, capace di trasmettere non solo informazioni ma anche emozioni, intenzioni e autorità. Per un gentiluomo moderno, padroneggiare il tono, il ritmo e il volume della propria voce è essenziale per comunicare in modo efficace, influenzare gli altri e creare un'impressione duratura. Vediamo come questi tre elementi possono essere utilizzati al meglio.

1. Tono: La Colore della Voce

Il tono della voce si riferisce alla qualità sonora che varia in base all'intonazione e all'emozione espressa. È ciò che conferisce personalità alla tua comunicazione e può variare da calmo e rassicurante a deciso e autorevole.

- **Tono Empatico:** Un tono morbido e caloroso può essere utilizzato per creare un senso di vicinanza e comprensione. È ideale in conversazioni personali o in situazioni in cui è necessario mostrare supporto e compassione. Questo tipo di tono può aiutare a costruire rapporti di fiducia e a mettere a proprio agio l'interlocutore.

- **Tono Deciso:** Quando è necessario trasmettere autorità o sicurezza, un tono fermo e deciso è cruciale. Questo non significa essere aggressivi, ma piuttosto parlare con una chiarezza e una convinzione che esprimono competenza e padronanza dell'argomento. È particolarmente utile in contesti professionali o quando si prende una posizione.

- **Tono Rassicurante:** Un tono rassicurante, con sfumature più basse e un ritmo lento, è efficace in situazioni di tensione o di crisi. Usare un tono che calma può aiutare a ridurre l'ansia dell'interlocutore e a gestire situazioni difficili con tatto e sensibilità.

- **Adattare il Tono al Contesto:** È importante saper modulare il tono della voce in base al contesto. In una riunione formale, un tono più serio e professionale è appropriato, mentre in una conversazione informale tra amici, un tono rilassato e amichevole può essere più efficace.

2. Ritmo: Il Tempo della Conversazione

Il ritmo si riferisce alla velocità con cui parli. Un ritmo ben gestito può mantenere l'interesse dell'ascoltatore, enfatizzare i punti chiave e rendere la tua comunicazione più avvincente.

- **Ritmo Moderato:** Parlare a un ritmo moderato è generalmente più efficace perché consente all'interlocutore di seguire facilmente il discorso. Un ritmo troppo veloce può sembrare ansioso o nervoso, mentre un ritmo troppo lento può annoiare o sembrare insicuro.

- **Variazioni di Ritmo:** Cambiare il ritmo durante la conversazione può mantenere l'interesse dell'ascoltatore e sottolineare parti importanti del discorso. Ad esempio, rallentare il ritmo quando si presenta un punto chiave può dare tempo all'interlocutore di riflettere, mentre accelerare il ritmo può creare un senso di urgenza o eccitazione.

- **Pausa Strategica:** Le pause sono un elemento cruciale del ritmo. Sapere quando fare una pausa non solo evita che la conversazione diventi monotona, ma permette anche di enfatizzare il messaggio. Una breve pausa prima di un'affermazione importante può preparare l'interlocutore e dare maggior peso alle tue parole.

3. Volume: L'Intensità della Comunicazione

Il volume della voce gioca un ruolo fondamentale nel determinare la forza e l'impatto del tuo messaggio. Saper modulare il volume in modo appropriato può fare la differenza tra essere ascoltati o ignorati.

- **Volume Adeguato al Contesto:** In una conversazione privata, un volume moderato e controllato è appropriato, mentre in una presentazione o in un ambiente rumoroso, un volume più alto può essere necessario per assicurarsi che tutti ti sentano chiaramente. Evita di parlare troppo sottovoce, perché potrebbe dare l'impressione di mancanza di sicurezza, così come di urlare, che potrebbe risultare aggressivo o fuori luogo.

- **Variazione del Volume per Enfasi:** Aumentare il volume in certi momenti può servire a enfatizzare un punto o a sottolineare l'importanza di ciò che stai dicendo. Al contrario, abbassare il volume può attirare l'attenzione su un aspetto delicato o personale della conversazione, creando un senso di intimità.

- **Consapevolezza dello Spazio:** Il volume della voce dovrebbe anche tenere conto dello spazio in cui ti trovi. In un ambiente chiuso e piccolo, un volume troppo alto può risultare invadente, mentre in spazi aperti o ampi, un volume più elevato è necessario per garantire che la tua voce raggiunga tutti.

Il tono, il ritmo e il volume della voce sono strumenti fondamentali nella comunicazione che, se utilizzati con consapevolezza, possono trasformare la tua presenza vocale in un vero e proprio asset strategico. La voce non è solo un mezzo per trasmettere informazioni, ma è anche un canale per esprimere emozioni, creare connessioni e influenzare l'interlocutore. Padroneggiare questi aspetti della comunicazione ti permetterà di comunicare con maggiore efficacia, di coinvolgere il tuo pubblico e di lasciare un'impressione indelebile. In sintesi, una voce ben utilizzata può essere uno dei tuoi strumenti più potenti per affermare la tua personalità e per creare relazioni personali e professionali solide e significative.

Tecniche di conversazione: ascolto attivo, storytelling, empatia

La capacità di conversare efficacemente è un'arte che può aprire porte in ambito personale e professionale. Per un gentiluomo moderno, saper condurre una conversazione interessante, coinvolgente e rispettosa è essenziale. Tre delle tecniche più potenti per raggiungere questo obiettivo sono l'ascolto attivo, lo storytelling e l'empatia. Ognuna di queste componenti, se padroneggiata, ti permetterà di interagire con gli altri in modo più significativo e di creare connessioni autentiche.

1. Ascolto Attivo: Comprendere e Connettersi

L'ascolto attivo è la capacità di ascoltare non solo con le orecchie, ma anche con la mente e il cuore. Non si tratta semplicemente di udire le parole dell'interlocutore, ma di comprenderle e rispondere in modo che l'altro si senta realmente ascoltato e compreso.

- **Mostra Interesse:** Fai capire all'interlocutore che sei pienamente presente nella conversazione. Mantieni il contatto visivo, annuisci quando appropriato e usa espressioni facciali che riflettano il contenuto emotivo di ciò che viene detto. Evita distrazioni come guardare il telefono o guardarti intorno.

- **Rifletti e Parafrasa:** Ripeti con parole tue ciò che l'altro ha detto per assicurarti di aver compreso correttamente. Ad esempio, puoi dire: "Se ho capito bene, stai dicendo che…". Questo dimostra che stai seguendo la conversazione e dà all'altra persona la possibilità di chiarire o approfondire.

- **Fai Domande Aperte:** Incoraggia l'interlocutore a condividere di più facendo domande aperte, che richiedono risposte più dettagliate. Domande come "Cosa pensi di…?" o "Come ti sei sentito quando…?" mostrano che sei interessato a comprendere la sua prospettiva.

- **Evita di Interrompere:** Lascia che l'altra persona termini il suo pensiero prima di rispondere. Interrompere non solo è maleducato, ma impedisce anche di cogliere pienamente il messaggio dell'altro. Se necessario, prendi un respiro profondo prima di rispondere per assicurarti di non sovrapporre la tua voce alla sua.

2. Storytelling: Il Potere delle Storie

Lo storytelling è l'arte di raccontare storie in modo tale da coinvolgere e intrattenere il pubblico, ma anche di trasmettere messaggi e insegnamenti in modo memorabile. In una conversazione, una storia ben raccontata può rendere il dialogo più ricco e significativo.

- **Crea Connessione Emotiva:** Le storie hanno il potere di toccare le emozioni. Quando racconti una storia, cerca di scegliere episodi che possano risuonare con le esperienze o i sentimenti del tuo interlocutore. Questo crea un legame emotivo e rende la conversazione più coinvolgente.

- **Usa Dettagli Vividi:** Per rendere una storia vivida e memorabile, incorpora dettagli sensoriali e specifici. Descrivi il contesto, i personaggi e le emozioni in modo che l'interlocutore possa immaginare la scena e sentirsi parte della narrazione.

- **Includi un Messaggio o una Morale:** Le storie più potenti sono quelle che contengono un insegnamento o un messaggio sottostante. Che sia una lezione appresa, un avvertimento o un valore, assicurati che la tua storia non sia solo intrattenimento, ma porti con sé una riflessione o un punto di vista.

- **Adatta la Storia al Pubblico:** Considera chi è il tuo interlocutore e adatta il tono, la lunghezza e il contenuto della storia di conseguenza. In un contesto professionale, una storia breve e concisa con una morale pertinente è più efficace, mentre in una conversazione informale puoi permetterti di espandere e approfondire maggiormente.

3. Empatia: Sentire e Rispondere agli Altri

L'empatia è la capacità di comprendere e condividere i sentimenti altrui. In una conversazione, l'empatia ti permette di rispondere in modo sensibile e appropriato alle emozioni e alle esigenze dell'interlocutore.

- **Riconosci le Emozioni:** Quando qualcuno esprime un'emozione, riconoscila apertamente. Frasi come "Capisco che questa situazione ti abbia fatto arrabbiare" o "Deve essere stato difficile per te" mostrano che sei sintonizzato sulle emozioni dell'altro e sei disposto a riconoscerle.

- **Offri Supporto, Non Soluzioni:** A volte, le persone non cercano soluzioni ai loro problemi, ma solo qualcuno che le ascolti e le comprenda. Invece di offrire immediatamente consigli o soluzioni, chiedi se desiderano un consiglio o semplicemente una spalla su cui appoggiarsi.

- **Condividi Esperienze Simili:** Se appropriato, condividi un'esperienza simile che hai vissuto. Questo può far sentire l'altro meno solo nella sua situazione e rafforzare il legame tra voi. Tuttavia, assicurati di non minimizzare la loro esperienza o di far sembrare che stai cercando di rubare la scena.

- **Mostra Compassione Attraverso l'Azione:** Oltre alle parole, l'empatia può essere espressa attraverso gesti concreti. Un'offerta di aiuto, un sorriso rassicurante o anche un semplice tocco sulla spalla possono trasmettere empatia in modo potente e tangibile.

L'ascolto attivo, lo storytelling e l'empatia sono tecniche fondamentali che possono trasformare una conversazione ordinaria in un'esperienza significativa e arricchente. Queste abilità, quando utilizzate insieme, creano un dialogo che non solo informa, ma connette, coinvolge e costruisce relazioni profonde. Un gentiluomo moderno sa che una comunicazione efficace non riguarda solo ciò che si dice, ma anche come si fa sentire l'altro. Praticare e padroneggiare queste tecniche ti permetterà di essere non solo un conversatore più abile, ma anche una persona più empatica e influente.

Come gestire le conversazioni difficili e mantenere il controllo emotivo

Le conversazioni difficili sono inevitabili nella vita, sia in ambito personale che professionale. Che si tratti di dare feedback negativi, affrontare un conflitto o discutere un argomento delicato, queste situazioni possono mettere alla prova la nostra capacità di comunicare in modo efficace e mantenere la calma. Per un gentiluomo moderno, saper gestire queste conversazioni con grazia, rispetto e autocontrollo è fondamentale. Ecco come farlo.

1. Preparazione Mentale: Il Potere della Consapevolezza

La preparazione mentale è la chiave per affrontare una conversazione difficile con serenità e chiarezza. Sapere in anticipo cosa dire e come reagire ti permette di rimanere centrato e di evitare risposte impulsive.

- **Anticipa i Possibili Scenari:** Prenditi del tempo per riflettere su cosa potrebbe emergere durante la conversazione. Anticipa le reazioni dell'altro e preparati a rispondere in modo costruttivo. Questo ti aiuterà a sentirti più sicuro e a mantenere il controllo della situazione.

- **Definisci il Tuo Obiettivo:** Chiarisci a te stesso qual è l'obiettivo della conversazione. Vuoi risolvere un conflitto? Esprimere un disagio? Fornire un feedback costruttivo? Sapere esattamente cosa vuoi ottenere ti aiuterà a rimanere focalizzato e a evitare di deviare dal punto principale.

- **Pratica la Respirazione Profonda:** Prima della conversazione, pratica la respirazione profonda per calmare i nervi e centrare la mente. Inspirare profondamente e espirare lentamente può ridurre l'ansia e aiutarti a mantenere la lucidità mentale.

2. Comunicazione Chiara e Calma: Le Parole Giuste

In una conversazione difficile, il modo in cui esprimi i tuoi pensieri è cruciale. Una comunicazione chiara e calma riduce la probabilità di fraintendimenti e contribuisce a mantenere un tono rispettoso.

- **Usa il Linguaggio "Io":** Quando esprimi un disagio o una critica, formula le frasi usando il linguaggio "Io" piuttosto che "Tu". Ad esempio, "Io mi sento frustrato quando…" invece di "Tu fai sempre...". Questo approccio riduce la possibilità che l'altro si metta sulla difensiva.

- **Mantieni un Tono Pacato:** Parla con un tono di voce calmo e controllato, evitando di alzare la voce o di usare un tono accusatorio. Un tono pacato trasmette professionalità e rispetto, e può aiutare a disinnescare una situazione potenzialmente conflittuale.

- **Evita i Giudizi:** Focalizzati sui fatti e non su giudizi personali. Ad esempio, invece di dire "Sei irresponsabile", puoi dire "Ho notato che il progetto non è stato completato entro la scadenza". Questo ti permette di discutere il problema senza attaccare la persona.

- **Rimani Focalizzato sull'Argomento:** Evita di divagare o di riportare vecchi conflitti durante la conversazione. Rimani concentrato sul tema attuale per evitare di complicare ulteriormente la discussione.

3. Gestione delle Emozioni: L'Arte dell'Autocontrollo

Mantenere il controllo emotivo durante una conversazione difficile è essenziale per evitare escalation e per risolvere il problema in modo costruttivo.

- **Riconosci le Tue Emozioni:** È normale provare emozioni forti in una conversazione difficile, ma è importante riconoscerle senza lasciarsi sopraffare. Se ti senti arrabbiato, frustrato o ansioso, prenditi un momento per riconoscere queste emozioni internamente prima di rispondere.

- **Pausa Strategica:** Se senti che le tue emozioni stanno prendendo il sopravvento, non esitare a fare una pausa. Puoi dire qualcosa come: "Ho bisogno di un momento per riflettere su ciò che hai detto, posso risponderti tra un attimo?". Questo ti permette di prendere tempo per calmarti e rispondere in modo ponderato.

- **Controllo della Respirazione:** Durante la conversazione, continua a praticare la respirazione profonda. Concentrarti sul tuo respiro può aiutarti a rimanere calmo e a ridurre la tensione emotiva.

- **Evita di Reagire in Modo Impulsivo:** Quando ti senti attaccato o provocato, la tentazione di rispondere in modo impulsivo può essere forte. Prenditi un momento per pensare prima di rispondere, cercando di mantenere un approccio razionale e rispettoso.

4. Empatia e Ascolto: Costruire Comprensione

Anche nelle conversazioni più difficili, l'empatia e l'ascolto attivo giocano un ruolo fondamentale nel mantenere il dialogo costruttivo e rispettoso.

- **Mostra Comprensione:** Anche se non sei d'accordo con l'altro, dimostra di comprendere il suo punto di vista. Frasi come "Capisco che questo sia importante per te" o "Posso vedere perché ti senti così" mostrano che sei aperto a comprendere l'altra parte.

- **Ascolta Senza Interrompere:** Lascia che l'interlocutore esprima completamente il suo pensiero prima di rispondere. Interrompere può essere visto come un segno di mancanza di rispetto e può intensificare la tensione.

- **Chiedi Chiarimenti:** Se non sei sicuro di aver compreso appieno ciò che l'altro sta dicendo, chiedi chiarimenti. Questo non solo dimostra che sei impegnato nella conversazione, ma evita anche fraintendimenti che potrebbero complicare ulteriormente la situazione.

- **Sii Aperto al Compromesso:** Le conversazioni difficili spesso richiedono compromessi. Mostra apertura nel trovare una soluzione che soddisfi entrambe le parti, dimostrando così la tua volontà di collaborare e di risolvere il problema.

Gestire conversazioni difficili con controllo emotivo e comunicazione efficace è una competenza che richiede pratica e consapevolezza. Prepararsi mentalmente, comunicare in modo chiaro e calmo, mantenere l'autocontrollo e mostrare empatia sono tutti elementi chiave che ti permetteranno di navigare queste situazioni con successo. Un gentiluomo moderno sa che anche nei momenti di tensione è possibile mantenere la propria dignità e rispettare quella degli altri, cercando soluzioni che rafforzino le relazioni piuttosto che danneggiarle. Con il tempo e la pratica, queste conversazioni difficili possono diventare opportunità di crescita personale e professionale.

Capitolo 5: Etichetta e Galateo Moderno

I principi dell'etichetta e come applicarli oggi

I Principi dell'Etichetta e Come Applicarli Oggi

In un mondo che evolve rapidamente, con norme sociali e culturali in continua trasformazione, l'etichetta e il galateo rimangono fondamentali per orientarsi in società con grazia e rispetto. Per un gentiluomo moderno, comprendere e applicare questi principi non è solo una questione di apparenza, ma di autentica considerazione per gli altri e per se stessi. Vediamo quali sono i pilastri dell'etichetta contemporanea e come possono essere applicati in vari contesti della vita quotidiana.

1. Rispetto e Considerazione: La Base di Tutto

Il rispetto è il principio cardine su cui si fonda l'etichetta. È un valore universale che si esprime attraverso le parole, i gesti e le azioni quotidiane.

- **Rispetto per il Tempo degli Altri:** Essere puntuali è una forma di rispetto fondamentale. Arrivare in orario agli appuntamenti o agli eventi dimostra che valorizzi il tempo degli altri tanto quanto il tuo. In caso di ritardo inevitabile, avvisa tempestivamente la persona o le persone coinvolte.

- **Rispetto della Privacy:** In un'era in cui i confini tra pubblico e privato si fanno sempre più sottili, rispettare la privacy altrui è cruciale. Evita di fare domande invadenti o di condividere informazioni personali di altri senza il loro consenso. Questo vale sia nelle conversazioni faccia a faccia che online.

- **Rispetto delle Differenze:** La società moderna è caratterizzata da una grande diversità culturale, religiosa e ideologica. Mostra apertura mentale e rispetto verso opinioni, tradizioni e stili di vita diversi dai tuoi. Evita giudizi affrettati e sii disposto ad ascoltare e imparare.

2. Comunicazione Educata: Parole che Costruiscono Ponti

La comunicazione, sia verbale che non verbale, è uno degli strumenti più potenti che abbiamo per esprimere rispetto e gentilezza.

- **Saluti e Introduzioni:** Un saluto caloroso e una presentazione educata sono sempre benvenuti, sia in contesti formali che informali. Usa titoli appropriati e il nome della persona quando li conosci. Se non sei sicuro di come rivolgerti a qualcuno, opta per un approccio formale fino a quando non ti viene indicato diversamente.

- **Il Potere del "Per Favore" e "Grazie":** Mai sottovalutare l'impatto delle buone maniere. Parole come "per favore", "grazie" e "scusa" dovrebbero essere utilizzate liberamente per dimostrare cortesia e considerazione. Questi piccoli gesti verbali rafforzano le interazioni e creano un'atmosfera di rispetto reciproco.

- **Comunicazione Digitale:** Anche nelle interazioni online, l'etichetta ha il suo ruolo. Usa un tono professionale nelle email e nelle comunicazioni di lavoro, evitando abbreviazioni informali e linguaggio troppo colloquiale. Nei social media, ricorda che ogni parola è pubblica e permanente; quindi, evita di postare commenti impulsivi o inappropriati.

3. Abbigliamento e Presentazione: Il Codice Non Verbale dell'Etichetta

Il modo in cui ti vesti e ti presenti comunica molto di te, e farlo con attenzione alle circostanze è un segno di rispetto verso gli altri e di autostima.

- **Adattare l'Abbigliamento al Contesto:** Vestirsi in modo adeguato per l'occasione è una forma di rispetto. In un ambiente di lavoro formale, opta per un abbigliamento professionale. In contesti casual, mantieni comunque un aspetto curato e appropriato. Ricorda che la prima impressione è spesso basata sull'aspetto esteriore.

- **La Cura dei Dettagli:** Piccoli dettagli come scarpe pulite, mani curate e abiti ben stirati possono fare una grande differenza. Non si tratta solo di seguire le mode, ma di mostrare che hai cura di te stesso e rispetto per l'occasione e le persone con cui interagisci.

- **Comportamento Non Verbale:** La postura, il contatto visivo e i gesti trasmettono messaggi potenti. Una stretta di mano ferma, mantenere una postura eretta e fare un contatto visivo durante la conversazione dimostrano sicurezza e rispetto.

4. Galateo a Tavola: Eleganza e Sobrietà

Conoscere le regole del galateo a tavola è essenziale in molti contesti sociali e professionali. Mangiare con eleganza dimostra che sai comportarti in modo appropriato e che rispetti i commensali.

- **Uso delle Posate:** Familiarizza con l'uso corretto delle posate e degli utensili. In un pasto formale, inizia dall'esterno e procedi verso l'interno con le posate a seconda delle portate. Evita di parlare con la bocca piena e mastica con la bocca chiusa.

- **Conversazione a Tavola:** Mantieni la conversazione a tavola leggera e piacevole, evitando argomenti controversi o troppo personali. Mostra interesse per ciò che gli altri dicono e partecipa in modo equilibrato al dialogo.

- **Galateo dell'Ospite e dell'Ospitante:** Se sei ospite, rispetta l'orario dell'invito e porta un piccolo dono come segno di gratitudine. Se sei l'ospitante, assicurati che tutti gli invitati si sentano accolti e a loro agio, e che il pasto proceda in modo fluido e senza intoppi.

5. Comportamento nei Luoghi Pubblici: Il Rispetto della Comunità

Nei luoghi pubblici, il comportamento di ognuno contribuisce al benessere collettivo. L'etichetta in questi contesti è una forma di rispetto verso la comunità e le sue norme.

- **Rispetto degli Spazi Comuni:** Nei trasporti pubblici, per esempio, cedi il posto a chi ne ha più bisogno, evita di parlare a voce alta e tieni il telefono in modalità silenziosa. Nei luoghi affollati, mantieni la destra mentre cammini e sii attento a non intralciare gli altri.

- **Maniere nei Locali e nei Servizi:** Nei ristoranti, cinema o altri spazi pubblici, trattare il personale con rispetto è fondamentale. Usa toni cortesi, ringrazia e lascia sempre una mancia adeguata quando il servizio lo richiede. Nei luoghi di intrattenimento, rispetta gli altri clienti evitando comportamenti rumorosi o distruttivi.

- **Sostenibilità e Rispetto dell'Ambiente:** Essere rispettosi dell'ambiente è parte dell'etichetta moderna. Non lasciare rifiuti in giro, rispetta le risorse pubbliche e adotta pratiche sostenibili quando possibile.

I principi dell'etichetta e del galateo moderno non sono semplicemente un insieme di regole formali, ma rappresentano un modo di vivere che valorizza il rispetto reciproco, la considerazione e la gentilezza. Applicare questi principi nella vita quotidiana ti permette di interagire con gli altri in modo armonioso, costruendo relazioni solide e positive. Un gentiluomo moderno sa che il vero galateo non è solo una questione di buone maniere, ma una dimostrazione di attenzione e rispetto verso se stessi e gli altri. Con una buona conoscenza dell'etichetta, sei in grado di affrontare ogni situazione sociale con eleganza e fiducia, lasciando sempre una buona impressione.

Galateo in diverse situazioni: incontri, cene, eventi sociali

Il galateo varia a seconda della situazione, ma la sua essenza rimane la stessa: mostrare rispetto e considerazione per gli altri. Sia che tu stia partecipando a un incontro professionale, a una cena intima o a un grande evento sociale, conoscere e applicare le regole del galateo ti permetterà di navigare con eleganza e sicurezza. Di seguito esploreremo come comportarsi in diverse situazioni sociali.

1. Incontri Professionali e Sociali

Gli incontri, sia di natura professionale che personale, richiedono una certa attenzione ai dettagli del comportamento. L'etichetta in questi contesti è fondamentale per fare una buona impressione e costruire relazioni solide.

- **Puntualità e Preparazione:** Arrivare puntuale è un segno di rispetto per il tempo altrui. Per gli incontri di lavoro, arriva con qualche minuto di anticipo per prepararti mentalmente. Porta con te tutto il necessario, come materiali di supporto, documenti o biglietti da visita.

- **Saluti e Presentazioni:** Quando incontri qualcuno per la prima volta, una stretta di mano ferma e un sorriso sono fondamentali. Presentati con il tuo nome completo e, se è un incontro professionale, includi anche il tuo titolo o ruolo. Se presenti altre persone, introduci sempre prima la persona di maggiore anzianità o rango.

- **Conversazione:** Mantieni un tono professionale e cortese. Evita argomenti troppo personali o controversi, a meno che non siano appropriati per il contesto. Ascolta attivamente e dimostra interesse per ciò che l'altro ha da dire.

- **Chiusura dell'Incontro:** Ringrazia il tuo interlocutore per il tempo e, se appropriato, riepiloga i punti principali discussi per assicurarti che entrambi abbiate chiaro il prossimo passo. Segui sempre con un messaggio di ringraziamento, preferibilmente entro 24 ore dall'incontro.

2. Cene Formali e Informali

Le cene, che siano formali o informali, sono momenti importanti di socializzazione. Conoscere il galateo a tavola e i comportamenti appropriati ti aiuterà a goderti l'evento e a mostrare rispetto per gli altri commensali.

- **Arrivo e Saluti:** Per una cena formale, arrivare puntuali o leggermente in anticipo è la norma. Se sei ospite, porta un piccolo dono per il padrone di casa, come una bottiglia di vino o dei fiori. Saluta l'ospite per primo e poi gli altri invitati.

- **Galateo a Tavola:** Attendi che l'ospite si sieda prima di sederti e non iniziare a mangiare finché tutti non sono serviti. Usa le posate dall'esterno verso l'interno e prendi piccoli bocconi per poter rispondere se ti viene posta una domanda. Evita di appoggiare i gomiti sul tavolo e tieni sempre il tovagliolo sulle gambe quando non lo usi.

- **Conversazione a Tavola:** Mantieni la conversazione leggera e inclusiva. Evita di parlare di politica, religione o altri argomenti potenzialmente divisivi, a meno che non sia chiaro che sono ben accolti. Partecipa attivamente e ascolta gli altri senza monopolizzare il dialogo.

- **Fine della Cena:** Quando la cena si avvicina alla conclusione, aspetta che l'ospite segnali la fine prima di alzarti. Ringrazia il padrone di casa per l'ospitalità e, se possibile, offriti di aiutare con la pulizia. Un messaggio di ringraziamento il giorno successivo è sempre apprezzato.

3. Eventi Sociali e Formali

Che si tratti di un matrimonio, un evento di beneficenza o una festa aziendale, gli eventi sociali richiedono una particolare attenzione all'etichetta. Sapere come comportarti ti permetterà di divertirti e di rappresentare te stesso in modo impeccabile.

- **Dress Code:** Ogni evento sociale ha un suo dress code, che va rispettato per mostrare considerazione verso gli organizzatori e gli altri ospiti. Se l'invito specifica un abbigliamento formale, assicurati di vestirti in modo appropriato. In caso di dubbi, è sempre meglio essere un po' troppo formale che troppo casual.

- **Arrivo e Partenza:** Arriva entro un orario ragionevole, preferibilmente non prima dell'orario indicato sull'invito. Saluta i padroni di casa all'arrivo e ringraziali alla fine dell'evento. Se devi partire prima della conclusione ufficiale, fallo discretamente.

- **Comportamento durante l'Evento:** Mostra sempre rispetto per lo spazio e per gli altri ospiti. Evita di consumare troppo alcool e comportati in modo dignitoso. Se c'è una cena o un buffet, fai attenzione a non prendere troppo cibo in una sola volta e rispetta la fila.

- **Conversazione:** Gli eventi sociali sono un'ottima occasione per fare nuove conoscenze, quindi sii aperto a conversare con persone che non conosci. Fai domande aperte e mostra interesse genuino per gli altri. Evita discussioni eccessivamente lunghe con una sola persona a meno che non sia chiaramente reciproco.

- **Ringraziamenti e Note di Cortesia:** Dopo un evento formale o una festa, invia un biglietto di ringraziamento o un messaggio agli organizzatori per mostrare apprezzamento. Questo piccolo gesto non passa inosservato e rafforza i legami sociali.

Il galateo moderno non riguarda semplicemente l'adesione a regole rigide, ma piuttosto la dimostrazione di rispetto, cortesia e considerazione in ogni situazione. Che tu stia partecipando a un incontro, a una cena o a un evento sociale, applicare queste linee guida ti permetterà di navigare con eleganza e sicurezza, costruendo relazioni positive e lasciando sempre una buona impressione. Un gentiluomo moderno sa che il comportamento appropriato è una forma d'arte che richiede consapevolezza e pratica, ma che alla fine arricchisce la vita di chi lo pratica e di chi lo circonda.

Come comportarsi con rispetto e grazia in ogni occasione

Comportarsi con rispetto e grazia non è solo una questione di buone maniere, ma un'espressione della propria integrità e consapevolezza sociale. Indipendentemente dal contesto, che si tratti di una riunione formale, un incontro casuale o una situazione imprevista, agire con rispetto e grazia ti permetterà di costruire relazioni più solide e di navigare la vita con una serenità innata. Di seguito, esploreremo alcune linee guida fondamentali per mantenere un comportamento irreprensibile in ogni occasione.

1. Ascoltare Attivamente e Con Rispetto

Il rispetto inizia con la capacità di ascoltare veramente gli altri. Ascoltare attivamente significa dare la tua piena attenzione a chi ti sta parlando, senza interrompere o distrarti.

- **Mantieni il Contatto Visivo:** Guardare negli occhi il tuo interlocutore dimostra che sei concentrato e interessato alla conversazione. Evita di guardare altrove o di controllare il telefono mentre qualcuno ti parla.

- **Evita di Interrompere:** Lascia che l'altra persona termini i suoi pensieri prima di rispondere. Interrompere non solo è maleducato, ma può anche far sentire l'altro non rispettato.

- **Riconosci e Rifletti:** Mostra di aver capito ciò che è stato detto facendo un breve riassunto o rispondendo direttamente a quanto detto. Questo dimostra che sei coinvolto e che rispetti il punto di vista dell'altro.

2. Mostrare Empatia e Comprensione

La grazia si manifesta anche attraverso la capacità di comprendere e rispettare le emozioni altrui. Essere empatici significa saper mettere da parte i propri pregiudizi e cercare di vedere le cose dal punto di vista degli altri.

- **Sii Sensibile alle Emozioni:** Se noti che qualcuno è turbato o a disagio, riconosci le sue emozioni e offri il tuo sostegno, anche se è solo ascoltando. Una semplice frase come "Capisco come ti senti" può fare una grande differenza.

- **Evita i Giudizi:** Tutti abbiamo esperienze e background diversi. Evita di giudicare gli altri basandoti su preconcetti o stereotipi, e invece cerca di capire le ragioni dietro le loro azioni o opinioni.

- **Offri Supporto Quando Possibile:** Se qualcuno si trova in difficoltà, anche un piccolo gesto di aiuto può essere molto apprezzato. Questo non solo mostra rispetto, ma costruisce anche una reputazione di gentilezza e affidabilità.

3. Comportarsi con Umiltà e Integrità

La vera grazia viene da un comportamento umile e integrità in ogni situazione. Essere modesti e onesti, anche quando nessuno sta guardando, è la chiave per mantenere relazioni genuine e rispettose.

- **Ammetti i Tuoi Errori:** Se sbagli, non esitare a scusarti e a cercare di rimediare. L'umiltà di riconoscere i propri errori è segno di una grande forza interiore e rispetto per gli altri.

- **Rimani Autentico:** Essere autentico e coerente con i propri valori, senza cercare di impressionare gli altri con atteggiamenti falsi, è fondamentale per costruire relazioni sincere. Le persone apprezzano e rispettano chi è genuino.

- **Evita l'Arroganza:** Anche se sei molto competente o hai successo, mantieni un atteggiamento umile. L'arroganza allontana le persone, mentre la modestia, combinata con una giusta dose di fiducia in sé stessi, attira rispetto e ammirazione.

4. Essere Puntuali e Affidabili

La puntualità e l'affidabilità sono tra i segni distintivi di una persona rispettosa e degna di fiducia. Queste qualità riflettono la tua considerazione per il tempo e le esigenze degli altri.

- **Rispetta gli Impegni:** Se prendi un impegno, rispettalo. Che si tratti di un appuntamento, una scadenza lavorativa o un semplice favore, onora sempre la tua parola.

- **Comunica Eventuali Ritardi:** Se ti rendi conto che non puoi rispettare un impegno, avvisa il più presto possibile, spiegando la situazione. Questo dimostra che apprezzi il tempo degli altri e che non dai nulla per scontato.

- **Essere Preparati:** Che si tratti di un incontro di lavoro o di un evento sociale, arriva sempre preparato. Questo non solo ti permette di contribuire in modo significativo, ma mostra anche che prendi sul serio l'evento e le persone coinvolte.

5. Comportarsi con Cortesia e Buone Maniere

Le buone maniere sono il linguaggio universale del rispetto. Semplici gesti di cortesia possono fare una grande differenza nel modo in cui gli altri percepiscono e interagiscono con te.

- **Usa le Parole Magiche:** Non dimenticare mai di dire "per favore", "grazie" e "scusa". Queste parole, anche se semplici, hanno un impatto significativo e mostrano una consapevolezza sociale e rispetto per gli altri.

- **Sii Generoso con i Complimenti:** Quando è appropriato, fai un complimento sincero. Questo non solo migliora l'atmosfera della conversazione, ma fa sentire apprezzati gli altri.

- **Offri il Tuo Aiuto:** Se noti qualcuno in difficoltà o se c'è un'opportunità di aiutare, offri il tuo sostegno. Che si tratti di aprire una porta, portare qualcosa di pesante o offrire una parola di conforto, piccoli gesti di gentilezza rimangono impressi.

6. Adattarsi alle Situazioni con Flessibilità

La grazia si manifesta anche nella capacità di adattarsi alle circostanze senza perdere il proprio equilibrio. La flessibilità è essenziale per navigare situazioni impreviste o complesse con serenità.

- **Rimani Calmo Sotto Pressione:** Quando le cose non vanno come previsto, mantenere la calma e un atteggiamento positivo aiuta a gestire la situazione con eleganza. Le persone rispettano chi riesce a rimanere composto anche nei momenti difficili.

- **Adatta il Tuo Comportamento al Contesto:** Ogni situazione ha le sue norme implicite. Riconoscere e adattarsi a queste norme, che si tratti di una riunione formale, di una festa casual o di un incontro culturale, mostra rispetto per il contesto e per le persone coinvolte.

- **Sii Discreto:** In situazioni delicate, saper mantenere una certa discrezione è fondamentale. Evita di mettere in imbarazzo gli altri o di attirare troppo l'attenzione su di te in momenti inopportuni.

Comportarsi con rispetto e grazia in ogni occasione richiede consapevolezza, empatia e una sincera volontà di mettere gli altri a proprio agio. Questi principi non solo ti aiuteranno a costruire relazioni migliori, ma ti permetteranno anche di vivere con dignità e serenità. Un gentiluomo moderno sa che ogni interazione è un'opportunità per esprimere rispetto e grazia, e che queste qualità non solo elevano la propria immagine, ma arricchiscono la vita di chiunque lo circondi. Con il tempo e la pratica, il comportamento rispettoso e grazioso diventerà una seconda natura, guidando ogni tua azione con eleganza e sicurezza.

Capitolo 6: Sviluppo della Fiducia in Sé Stessi

Costruire l'autostima attraverso l'azione e la riflessione

La fiducia in sé stessi è una delle qualità più affascinanti e potenti che un uomo possa possedere. Essa non si sviluppa dall'oggi al domani, ma richiede tempo, dedizione e una pratica costante. La fiducia autentica non è arroganza né superficialità, ma un profondo senso di sicurezza che nasce dalla conoscenza di sé, dalla consapevolezza delle proprie capacità e dal coraggio di affrontare le sfide della vita. In questo capitolo, esploreremo come costruire e rafforzare l'autostima attraverso l'azione e la riflessione.

1. Capire le Basi della Fiducia in Sé Stessi

Per costruire la fiducia in sé stessi, è fondamentale comprendere da dove essa proviene e quali sono gli elementi che la compongono.

- **Consapevolezza di Sé:** La fiducia inizia con una profonda comprensione di chi sei. Questo include i tuoi punti di forza, le tue debolezze, i tuoi valori e le tue passioni. Più sei consapevole di te stesso, più sarai in grado di affrontare le situazioni con sicurezza.

- **Autoefficacia:** La convinzione di essere in grado di gestire con successo le situazioni difficili contribuisce enormemente alla fiducia. Questa sensazione di autoefficacia si costruisce con l'esperienza e con il raggiungimento di obiettivi, anche piccoli.

- **Autoaccettazione:** Accettare te stesso per quello che sei, con i tuoi pregi e i tuoi difetti, è cruciale. La fiducia autentica non deriva dalla perfezione, ma dalla serenità con cui accetti le tue imperfezioni.

2. Azione come Strumento per Costruire Fiducia

L'azione è una delle strade più efficaci per costruire la fiducia in sé stessi. Affrontare attivamente le sfide e uscire dalla propria zona di comfort sono passi fondamentali per sviluppare l'autostima.

- **Piccoli Successi, Grandi Risultati:** Inizia con obiettivi piccoli e realizzabili. Ogni successo, per quanto modesto, alimenta il tuo senso di autoefficacia e costruisce una solida base di fiducia.

- **Affrontare le Paure:** Spesso, le paure e le insicurezze sono ciò che impedisce di agire con fiducia. Identifica le tue paure e affrontale gradualmente. Ogni volta che superi una paura, la tua fiducia si rafforza.

- **Sperimentare Nuove Situazioni:** Esplora nuove esperienze e situazioni che ti mettono alla prova. Che si tratti di imparare una nuova abilità, di partecipare a un evento sociale o di prendere l'iniziativa in una situazione lavorativa, ogni nuova sfida ti aiuterà a sviluppare una maggiore fiducia in te stesso.

3. La Riflessività come Complemento all'Azione

Mentre l'azione è essenziale per costruire la fiducia, la riflessione ti permette di consolidare e comprendere le lezioni apprese lungo il percorso. La riflessione ti aiuta a interiorizzare i tuoi progressi e a sviluppare una visione chiara del tuo cammino personale.

- **Riflessione sui Successi:** Prenditi del tempo per riflettere sui tuoi successi, anche su quelli piccoli. Questo ti permette di apprezzare i progressi fatti e di rinforzare l'immagine positiva di te stesso.

- **Imparare dagli Errori:** Gli errori non devono essere visti come fallimenti, ma come opportunità di crescita. Riflettere sugli errori ti aiuta a capire cosa è andato storto e come puoi migliorare in futuro, rafforzando la tua resilienza e la tua fiducia.

- **Diario della Fiducia:** Tenere un diario dove annotare i tuoi progressi, i tuoi pensieri e le tue riflessioni può essere un potente strumento di crescita personale. Rileggere ciò che hai scritto ti aiuta a vedere quanto sei cresciuto e a rafforzare il tuo senso di autoefficacia.

4. Costruire Fiducia nelle Relazioni Interpersonali

La fiducia in sé stessi si riflette inevitabilmente nelle relazioni con gli altri. Essere sicuri di sé permette di stabilire relazioni più sane, equilibrate e autentiche.

- **Comunicazione Sicura:** Esprimere chiaramente i tuoi pensieri, sentimenti e bisogni è fondamentale per costruire relazioni basate sul rispetto reciproco. La sicurezza in te stesso ti permette di comunicare in modo assertivo, senza timore di giudizi.

- **Stabilire Confini Sani:** Sapere quando dire "no" e stabilire confini chiari è una manifestazione di autostima. Questo non solo protegge il tuo benessere emotivo, ma mostra agli altri che rispetti te stesso.

- **Empatia e Fiducia Reciprocate:** La fiducia in sé stessi non significa essere centrati solo su di sé, ma saper dare e ricevere fiducia anche nelle relazioni. Mostra empatia e comprensione verso gli altri, e sarai in grado di costruire legami basati sulla fiducia reciproca.

5. Mantenere e Coltivare la Fiducia nel Tempo

La fiducia in sé stessi non è una destinazione, ma un viaggio continuo. Richiede cura e attenzione costante per essere mantenuta e coltivata nel tempo.

- **Cura di Sé e Benessere:** Prendersi cura del proprio benessere fisico, emotivo e mentale è essenziale per mantenere un senso di autostima. Questo include una dieta equilibrata, esercizio fisico, riposo adeguato e pratiche di gestione dello stress come la meditazione.

- **Circondarsi di Influenze Positive:** Le persone con cui ti associ influenzano profondamente la tua fiducia in te stesso. Circondati di persone che ti supportano, ti ispirano e credono in te, e limita il tempo trascorso con chi tende a sminuirti o a criticarti in modo non costruttivo.

- **Aggiornamento Continuo delle Proprie Capacità:** Mantieniti curioso e desideroso di imparare. Sviluppare nuove competenze e conoscenze non solo arricchisce la tua vita, ma ti dà nuove fonti di fiducia e autostima.

Sviluppare la fiducia in sé stessi è un processo continuo che richiede impegno, riflessione e azione. Non è un tratto innato, ma una qualità che si può costruire e rafforzare giorno dopo giorno. Attraverso una combinazione di azioni concrete, riflessione personale e interazioni sane con gli altri, puoi creare una solida base di autostima che ti sosterrà in ogni aspetto della vita. Un gentiluomo moderno, consapevole del proprio valore e delle proprie capacità, affronta il mondo con una sicurezza che non solo ispira fiducia negli altri, ma rende ogni passo del suo cammino un'esperienza di crescita e realizzazione.

Affrontare le insicurezze e trasformarle in punti di forza

Le insicurezze sono una parte naturale dell'esperienza umana; tutti ne hanno, anche se spesso vengono nascoste dietro una facciata di sicurezza. Tuttavia, ciò che distingue un gentiluomo moderno è la capacità di riconoscere, affrontare e trasformare queste insicurezze in punti di forza. Anziché evitarle o negarle, imparare a gestirle consapevolmente può essere un potente strumento di crescita personale e un passo cruciale nello sviluppo della fiducia in sé stessi. In questa sezione, esploreremo strategie pratiche per trasformare le insicurezze in punti di forza.

1. Riconoscere e Accettare le Proprie Insicurezze

Il primo passo per affrontare le insicurezze è riconoscerle. Evitarle o nasconderle non fa altro che amplificare il loro impatto negativo. La consapevolezza e l'accettazione sono fondamentali per trasformarle in risorse positive.

- **Identificazione delle Insicurezze:** Prenditi del tempo per riflettere sulle aree della tua vita in cui ti senti insicuro. Può trattarsi di aspetti fisici, abilità sociali, performance lavorative o relazioni personali. Scrivere queste insicurezze può aiutarti a visualizzarle meglio e a capire da dove provengono.

- **Accettazione senza Giudizio:** Una volta identificate, accetta le tue insicurezze senza giudicarti. Ricorda che avere insicurezze è normale e che affrontarle è un atto di coraggio, non di debolezza. Accettarle non significa arrendersi ad esse, ma riconoscerle come parte del tuo percorso di crescita.

2. Comprendere le Radici delle Insicurezze

Capire l'origine delle tue insicurezze ti aiuterà a gestirle in modo più efficace. Spesso, queste nascono da esperienze passate, aspettative irrealistiche o paragoni con gli altri.

- **Esplorazione delle Cause:** Chiediti cosa potrebbe aver contribuito alla tua insicurezza. Potrebbe essere un'esperienza di fallimento, un commento critico o un confronto costante con gli altri. Comprendere le radici ti permette di affrontare le insicurezze con maggiore consapevolezza.

- **Sfida alle Credenze Limiting:** Molte insicurezze derivano da credenze limitanti, ovvero convinzioni negative che hai su te stesso. Identifica queste credenze e chiediti se sono realmente vere. Spesso, sono solo costruzioni mentali che puoi superare con una prospettiva diversa.

3. Sviluppare una Mentalità di Crescita

Una mentalità di crescita ti permette di vedere le tue insicurezze come opportunità di miglioramento piuttosto che come ostacoli insormontabili.

- **Apprendimento Continuo:** Considera le tue insicurezze come aree in cui puoi crescere e migliorare. Se, ad esempio, ti senti insicuro nelle abilità sociali, lavora per migliorarle attraverso la pratica e l'apprendimento.

- **Accettare le Sfide:** Non evitare le situazioni che alimentano le tue insicurezze. Affrontale come sfide che possono rafforzarti. Ogni volta che superi una di queste situazioni, la tua fiducia in te stesso aumenta.

- **Celebra i Progressi:** Anche i piccoli progressi sono importanti. Riconoscili e celebra ogni successo, per quanto piccolo. Questo ti motiverà a continuare a lavorare sulle tue insicurezze e a trasformarle in punti di forza.

4. Trasformare le Insicurezze in Punti di Forza

Una volta che hai riconosciuto e lavorato sulle tue insicurezze, puoi iniziare a vederle come opportunità per sviluppare nuove capacità e per rafforzare la tua resilienza.

- **Ristrutturazione delle Insicurezze:** Cerca di vedere le tue insicurezze da una prospettiva diversa. Ad esempio, se sei insicuro riguardo alla tua capacità di parlare in pubblico, considera questa insicurezza come un'opportunità per sviluppare abilità di comunicazione che ti serviranno in molti aspetti della vita.

- **Sfrutta l'Empatia:** Le tue insicurezze possono renderti più empatico verso gli altri. La consapevolezza delle tue fragilità ti permette di comprendere meglio quelle degli altri, e questa empatia può diventare una grande forza nelle relazioni interpersonali.

- **Crea un Piano d'Azione:** Trasforma le tue insicurezze in obiettivi concreti. Crea un piano d'azione per lavorare su di esse, includendo passi specifici che puoi intraprendere. Ad esempio, se sei insicuro riguardo al tuo aspetto fisico, potresti lavorare per migliorare la tua forma fisica o il tuo stile personale, passo dopo passo.

5. Supporto e Crescita attraverso gli Altri

Non devi affrontare le tue insicurezze da solo. Avere una rete di supporto può essere cruciale per il tuo percorso di crescita.

- **Cerca Feedback Costruttivo:** Parla delle tue insicurezze con persone di cui ti fidi e che ti conoscono bene. Il loro feedback può aiutarti a vedere le cose da un'altra prospettiva e a identificare risorse o strategie che non avevi considerato.

- **Impara dagli Altri:** Osserva come le persone che ammiri affrontano le loro insicurezze. Puoi imparare molto da chi ha già percorso questo cammino. Non esitare a chiedere consigli o a confrontarti con loro.

- **Sostieni gli Altri:** Condividere il tuo percorso e supportare gli altri nei loro sforzi può ulteriormente rafforzare la tua fiducia. Aiutare gli altri a superare le loro insicurezze ti ricorda che non sei solo, e che questo processo di crescita è universale.

Trasformare le insicurezze in punti di forza è un processo che richiede coraggio, pazienza e un impegno costante. Non esistono scorciatoie, ma il viaggio è ricco di lezioni preziose. Ogni insicurezza affrontata è un'opportunità per crescere e diventare una versione più forte e sicura di te stesso. Un gentiluomo moderno sa che le sue insicurezze non lo definiscono, ma che può utilizzarle come trampolino di lancio per sviluppare una forza interiore autentica e duratura. Attraverso l'azione consapevole e la riflessione, puoi trasformare ogni sfida interiore in un'opportunità per brillare con fiducia e sicurezza in ogni aspetto della tua vita.

L'importanza della mentalità positiva e della resilienza

Una mentalità positiva e la resilienza sono due qualità fondamentali per affrontare le sfide della vita con successo e trasformarle in opportunità di crescita. Non si tratta solo di mantenere un atteggiamento ottimista, ma di coltivare una prospettiva che ti permetta di vedere il potenziale in ogni situazione, anche quelle difficili. Queste qualità sono strettamente interconnesse e si rinforzano a vicenda: una mentalità positiva ti aiuta a sviluppare la resilienza, mentre la resilienza ti permette di mantenere un atteggiamento positivo anche di fronte alle avversità.

1. La Mentalità Positiva: Un Potente Strumento di Crescita

Una mentalità positiva è molto più di un semplice "pensare positivo". Si tratta di un approccio alla vita che ti permette di focalizzarti sulle soluzioni piuttosto che sui problemi, di vedere le opportunità anziché gli ostacoli, e di mantenere una prospettiva di speranza e possibilità anche nelle situazioni difficili.

- **Focalizzazione sulle Soluzioni:** Invece di rimuginare sui problemi, una mentalità positiva ti orienta verso la ricerca di soluzioni. Questo ti permette di agire in modo proattivo, migliorando non solo la tua situazione, ma anche il tuo stato d'animo.

- **Attrarre Opportunità:** Le persone con una mentalità positiva tendono ad attrarre opportunità, perché il loro atteggiamento le rende più aperte e disponibili al cambiamento. Questo atteggiamento può aprire porte che altri, con un approccio più negativo, non riuscirebbero a vedere.

- **Migliorare il Benessere:** Un approccio positivo alla vita influisce direttamente sulla tua salute mentale e fisica. Riduce lo stress, migliora il sistema immunitario e favorisce il benessere generale. Quando ti senti meglio con te stesso e con il mondo intorno a te, sei naturalmente più resiliente.

2. La Resilienza: L'Arte di Rialzarsi

La resilienza è la capacità di recuperare rapidamente dalle difficoltà, di affrontare lo stress e le avversità senza essere sopraffatti. Non è una qualità innata, ma una competenza che si può sviluppare e rafforzare nel tempo.

- **Adattarsi ai Cambiamenti:** La resilienza ti permette di adattarti ai cambiamenti, anche quelli imprevisti o indesiderati. In un mondo in costante evoluzione, questa capacità è essenziale per mantenere la serenità e l'efficacia personale.

- **Superare gli Ostacoli:** Essere resilienti significa non arrendersi di fronte agli ostacoli. Anzi, ogni sfida è vista come un'opportunità per crescere e imparare. Questo atteggiamento ti permette di trasformare le difficoltà in lezioni di vita preziose.

- **Costruire la Forza Interiore:** La resilienza rafforza la tua forza interiore, dandoti la capacità di affrontare le tempeste della vita senza perdere la bussola. Ogni volta che superi una difficoltà, diventi più forte e più preparato per affrontare la prossima sfida.

3. Coltivare una Mentalità Positiva e Resiliente

Sviluppare una mentalità positiva e resiliente richiede pratica e consapevolezza. Non è qualcosa che si acquisisce da un giorno all'altro, ma un processo continuo che si costruisce attraverso l'esperienza e la riflessione.

- **Pratica la Gratitudine:** Un modo efficace per coltivare una mentalità positiva è praticare la gratitudine. Prenditi del tempo ogni giorno per riflettere su ciò che di buono c'è nella tua vita. Questo semplice esercizio può cambiare radicalmente il tuo modo di vedere le cose e aumentare la tua resilienza.

- **Impara a Gestire le Emozioni:** La resilienza non significa evitare le emozioni negative, ma saperle gestire in modo costruttivo. Riconosci e accetta i tuoi sentimenti, poi cerca di trovare un modo per trasformarli in energia positiva.

- **Circondati di Positività:** Le persone con cui ti associ e l'ambiente in cui vivi influenzano profondamente il tuo stato mentale. Cerca di circondarti di persone positive che ti sostengano e che condividano la tua visione della vita. Anche il tuo ambiente fisico può contribuire alla tua mentalità: un luogo ordinato e accogliente può migliorare il tuo umore e la tua prospettiva.

4. Applicare la Mentalità Positiva e la Resilienza nella Vita Quotidiana

Mettere in pratica una mentalità positiva e la resilienza nella vita quotidiana è essenziale per vivere con pienezza e serenità, affrontando con sicurezza le sfide che si presentano.

- **Affrontare le Sfide con Calma:** Quando ti trovi di fronte a una situazione difficile, prenditi un momento per respirare e riflettere prima di reagire. Questo ti permette di mantenere la calma e di affrontare la situazione con una mente lucida e positiva.

- **Accettare l'Incertezza:** La vita è imprevedibile, e accettare questa incertezza fa parte della resilienza. Non puoi controllare tutto, ma puoi controllare come reagisci. Mantieni una mentalità aperta e positiva, pronta ad adattarsi ai cambiamenti.

- **Pianificare, ma Essere Flessibili:** Pianificare è importante, ma essere troppo rigidi può creare stress e frustrazione. Una mentalità resiliente ti permette di adattare i tuoi piani quando necessario, senza perdere di vista i tuoi obiettivi principali.

5. Benefici a Lungo Termine della Mentalità Positiva e della Resilienza

Coltivare queste qualità non solo migliora la tua vita quotidiana, ma ha anche benefici a lungo termine, che influenzano positivamente ogni aspetto della tua esistenza.

- **Crescita Personale Continua:** Una mentalità positiva e resiliente ti mantiene in un ciclo di crescita personale continua. Ogni sfida superata diventa un'opportunità per imparare qualcosa di nuovo e migliorare te stesso.

- **Relazioni Migliori:** Le persone positive e resilienti tendono a costruire relazioni più sane e durature. Questo perché sanno gestire i conflitti in modo costruttivo e non si lasciano abbattere dai problemi.

- **Maggiore Realizzazione Personale e Professionale:** Con una mentalità positiva e resiliente, sarai più propenso a cogliere le opportunità e a perseguire i tuoi obiettivi con determinazione. Questo porta a una maggiore realizzazione personale e professionale, rendendo la tua vita più appagante e significativa.

La mentalità positiva e la resilienza sono pilastri fondamentali per vivere una vita piena e soddisfacente. Non si tratta solo di affrontare le sfide della vita con ottimismo, ma di coltivare la forza interiore necessaria per superare le avversità e trasformarle in opportunità di crescita. Un gentiluomo moderno, forte di una mentalità positiva e resiliente, non solo affronta con sicurezza le proprie sfide, ma ispira anche gli altri a fare lo stesso, creando un impatto positivo e duraturo nel mondo che lo circonda.

Capitolo 7: Cura di Sé e Benessere

Routine di cura personale: grooming, fitness e alimentazione

La cura di sé non è un atto di vanità, ma un aspetto essenziale del vivere bene e con consapevolezza. Come gentiluomo moderno, prendersi cura del proprio corpo e della propria mente significa rispettare se stessi e, di conseguenza, gli altri. La cura di sé coinvolge diverse aree, tra cui il grooming, il fitness e l'alimentazione. In questo capitolo, esploreremo come creare e mantenere routine efficaci che non solo migliorino il tuo aspetto esteriore, ma che abbiano anche un impatto positivo sul tuo benessere generale.

Routine di Cura Personale: Grooming

Il grooming, ovvero la cura dell'aspetto fisico, è uno degli elementi chiave del presentarsi al meglio e riflette l'attenzione che dedichi a te stesso.

- **Cura della Pelle:** Una pelle sana e ben curata è la base di un aspetto fresco e giovanile. Inizia con una pulizia quotidiana per rimuovere impurità e cellule morte, seguita da una crema idratante per mantenere la pelle morbida e idratata. Non dimenticare di applicare una protezione solare, anche nei giorni nuvolosi, per proteggere la pelle dai danni dei raggi UV.

- **Rasatura e Cura della Barba:** Che tu preferisca essere rasato o portare la barba, la cura di questi aspetti è fondamentale. Investi in strumenti di qualità come rasoi, forbici per la barba e prodotti specifici (come oli e balsami) per mantenere un look pulito e ordinato. Ricorda di mantenere anche una linea di barba ben definita, adatta alla forma del tuo viso.

- **Capelli:** Mantieni i tuoi capelli curati con tagli regolari e l'utilizzo di prodotti che li proteggano e li nutrano. Se hai i capelli lunghi, assicurati che siano ben lavati e pettinati. Se sono corti, un taglio regolare è essenziale per mantenere una forma definita.

- **Igiene Orale:** Un sorriso pulito e luminoso è uno degli aspetti più importanti del grooming. Spazzola i denti almeno due volte al giorno, usa il filo interdentale e completa la routine con un collutorio. Considera anche di fare visite regolari dal dentista per mantenere la salute orale.

- **Mani e Unghie:** Le mani sono spesso uno dei primi dettagli che le persone notano. Mantieni le unghie pulite e ben tagliate, e usa una crema idratante per evitare screpolature.

Fitness: Mantenere il Corpo in Forma

Il fitness è fondamentale non solo per l'aspetto fisico, ma anche per il benessere mentale e la longevità. Un corpo in forma è un corpo sano, capace di affrontare meglio le sfide quotidiane.

- **Esercizio Regolare:** Integrare l'esercizio fisico nella tua routine settimanale è essenziale. Non serve esagerare, l'importante è trovare un'attività che ti piaccia e che puoi mantenere nel tempo. Che si tratti di palestra, corsa, nuoto, ciclismo o yoga, la costanza è la chiave del successo.

- **Allenamento di Forza:** L'allenamento di forza è particolarmente utile per costruire e mantenere la massa muscolare, migliorare il metabolismo e sostenere la salute delle ossa. Inserisci sessioni di sollevamento pesi o esercizi a corpo libero (come push-up, squat e affondi) almeno due volte a settimana.

- **Attività Cardiovascolare:** L'attività cardiovascolare è fondamentale per la salute del cuore e per migliorare la resistenza. Dedica almeno 150 minuti a settimana a esercizi cardio, come corsa, camminata veloce, nuoto o ciclismo.

- **Flessibilità e Mobilità:** Non trascurare esercizi di stretching e di mobilità per mantenere i muscoli elastici e prevenire infortuni. Discipline come lo yoga e il pilates sono eccellenti per migliorare la flessibilità e il benessere generale.

- **Riposo e Recupero:** Il recupero è una parte cruciale del fitness. Assicurati di avere giorni di riposo per permettere al corpo di rigenerarsi, e dormi almeno 7-8 ore per notte per favorire il recupero muscolare e mantenere un equilibrio psicofisico.

Alimentazione: Nutrire il Corpo e la Mente

Una buona alimentazione è il carburante che ti permette di funzionare al meglio. Mangiare in modo equilibrato influisce direttamente sulla tua energia, umore e salute generale.

- **Dieta Bilanciata:** Segui una dieta ricca di nutrienti che includa una varietà di alimenti. Frutta, verdura, proteine magre, cereali integrali e grassi sani dovrebbero essere alla base della tua alimentazione quotidiana. Cerca di limitare zuccheri raffinati, cibi trasformati e grassi saturi.

- **Idratazione:** Bere a sufficienza è essenziale per mantenere il corpo idratato e funzionante. L'acqua è la bevanda migliore, ma anche tè verde e tisane possono essere ottime alternative. Evita bevande zuccherate e alcolici in eccesso.

- **Pasti Regolari e Moderati:** Mangia pasti regolari durante il giorno per mantenere stabili i livelli di energia e prevenire cali di concentrazione. Non è necessario fare pasti abbondanti: la moderazione è la chiave, così come l'ascolto dei segnali del tuo corpo.

- **Consapevolezza Alimentare:** Impara a essere consapevole di ciò che mangi. Prenditi il tempo per preparare i pasti e gustarli, evitando di mangiare distrattamente o sotto stress. Questo approccio non solo migliora la digestione, ma ti aiuta anche a fare scelte alimentari più sane.

- **Supplementazione:** Se la tua dieta non riesce a soddisfare tutte le tue esigenze nutrizionali, considera l'uso di integratori vitaminici o minerali, ma solo dopo aver consultato un professionista della salute.

La cura di sé e il benessere sono fondamentali per vivere una vita equilibrata e soddisfacente. Investire tempo e impegno nella cura personale, nel fitness e nell'alimentazione non è solo un atto di rispetto verso te stesso, ma anche un modo per prepararti al meglio per affrontare le sfide quotidiane. Un gentiluomo moderno sa che l'aspetto esteriore è importante, ma comprende anche che il vero benessere nasce dalla sinergia tra corpo e mente. Attraverso una routine di cura di sé ben

strutturata, puoi migliorare il tuo aspetto, rafforzare la tua salute e vivere
con maggiore energia e fiducia ogni giorno.

Come il benessere fisico influisce sul carisma e la percezione

Il benessere fisico è strettamente legato alla tua immagine complessiva, al carisma e a come gli altri ti percepiscono. Non si tratta solo di avere un corpo in forma, ma di esprimere un'energia che attira e ispira. La connessione tra corpo e mente è potente: quando ti senti fisicamente bene, questa positività si riflette nel modo in cui interagisci con il mondo, migliorando la tua presenza e aumentando il tuo carisma.

1. Il Ruolo del Benessere Fisico nel Carisma

Il carisma è spesso associato a una presenza magnetica, una combinazione di sicurezza di sé, energia positiva e capacità di attrarre l'attenzione. Il benessere fisico gioca un ruolo cruciale in tutto questo.

- **Energia e Vitalità:** Un corpo in forma è un corpo pieno di energia. Quando sei fisicamente in salute, la tua energia naturale aumenta e questo si traduce in una presenza più vivace e coinvolgente. Gli altri percepiscono questa energia e sono attratti da essa, rendendoti più carismatico.

- **Sicurezza di Sé:** La cura del proprio corpo contribuisce direttamente alla fiducia in sé stessi. Quando ti senti a tuo agio nel tuo corpo, la tua sicurezza cresce, e questo si manifesta nel tuo modo di parlare, muoverti e interagire con gli altri. La sicurezza è una componente chiave del carisma.

- **Postura e Linguaggio del Corpo:** Un corpo in forma ti permette di mantenere una buona postura, che a sua volta influisce sul modo in cui vieni percepito. Una postura eretta comunica fiducia, apertura e autorevolezza, caratteristiche fondamentali di una persona carismatica.

2. Benessere Fisico e Percezione Esterna

La percezione che gli altri hanno di te è influenzata da molti fattori, e il tuo stato fisico gioca un ruolo significativo. Il modo in cui ti presenti può influenzare immediatamente le prime impressioni.

- **Aspetto e Cura Personale:** La cura personale e l'aspetto fisico sono i primi segnali che le persone captano. Un aspetto curato, che riflette attenzione e rispetto per sé stessi, comunica immediatamente professionalità, serietà e un senso di disciplina, qualità che aumentano la percezione positiva di chi ti circonda.

- **Salute e Attrattiva:** Essere in buona salute spesso si riflette in un aspetto più attraente. Pelle luminosa, capelli sani e un fisico tonico sono segni visibili di un corpo ben curato. Questo non riguarda solo l'estetica, ma anche come la tua salute influisce sul tuo umore e sul modo in cui ti relazioni agli altri. Un aspetto sano e positivo tende ad attrarre attenzione e rispetto.

- **Comportamento e Atteggiamento:** Il benessere fisico non solo influisce sul tuo aspetto, ma anche sul tuo comportamento e atteggiamento. Un corpo in equilibrio, sostenuto da una buona alimentazione e dall'esercizio fisico, è meno soggetto a stress e irritabilità. Questo ti permette di mantenere la calma e la compostezza nelle interazioni, caratteristiche che migliorano la percezione che gli altri hanno di te.

3. L'Impatto Psicologico del Benessere Fisico

La connessione mente-corpo è profonda e influisce su come ti senti e su come ti relazioni con gli altri. Quando ti prendi cura del tuo corpo, ne benefici anche mentalmente, e questo si riflette nel modo in cui gli altri ti percepiscono.

- **Riduzione dello Stress:** L'esercizio fisico regolare e una buona alimentazione aiutano a ridurre i livelli di stress. Meno stress significa maggiore controllo emotivo e una mente più lucida, qualità che ti rendono più reattivo e brillante nelle conversazioni, elementi chiave del carisma.

- **Miglioramento dell'Umore:** Un corpo sano produce una maggiore quantità di endorfine, gli ormoni del benessere, che migliorano il tuo umore. Quando sei di buon umore, sei più aperto, socievole e capace di connetterti meglio con gli altri, aumentando così il tuo fascino e la tua capacità di attrazione.

- **Aumento dell'Autostima:** La cura di sé, che include fitness e alimentazione, contribuisce a un aumento dell'autostima. Un'autostima elevata ti rende più sicuro e assertivo, qualità che si riflettono positivamente nel modo in cui gli altri ti vedono.

4. Applicare il Benessere Fisico alla Vita Quotidiana

Integrare il benessere fisico nella tua routine quotidiana non solo migliora il tuo stato di salute generale, ma potenzia anche il tuo carisma e l'effetto che hai sugli altri.

- **Routine di Esercizio:** Dedica del tempo ogni giorno all'esercizio fisico. Anche una breve passeggiata o una sessione di stretching possono fare la differenza nel tuo livello di energia e nella tua postura.

- **Alimentazione Consapevole:** Presta attenzione a ciò che mangi e come ti fa sentire. Un'alimentazione bilanciata non solo nutre il corpo, ma influisce positivamente anche sull'umore e sull'energia, entrambi fondamentali per mantenere un carisma naturale e attraente.

- **Cura del Riposo:** Il riposo è un pilastro del benessere fisico. Assicurati di dormire a sufficienza per permettere al tuo corpo di recuperare e rigenerarsi. Un corpo riposato è più vigile e reattivo, qualità che migliorano la tua presenza e il modo in cui vieni percepito.

Il benessere fisico non è solo una questione estetica; è una componente essenziale del tuo carisma e della percezione che gli altri hanno di te. Un corpo sano e in forma sostiene una mente forte e positiva, che si riflette nelle tue interazioni quotidiane. Investire nella cura di sé, nel fitness e nell'alimentazione non solo migliora la tua salute, ma ti rende anche una persona più attraente, sicura e carismatica. Un gentiluomo moderno sa che il benessere fisico è la base su cui costruire una presenza magnetica e una vita piena di soddisfazioni.

L'equilibrio tra l'estetica e la salute mentale

Nell'epoca moderna, l'aspetto estetico e la salute mentale sono due aspetti cruciali della vita di un gentiluomo. Tuttavia, trovare un equilibrio tra questi due elementi è fondamentale per vivere in armonia con se stessi e con il mondo circostante. Mentre l'estetica riguarda la cura del corpo e dell'immagine, la salute mentale si concentra sul benessere interiore, sull'equilibrio emotivo e sulla serenità psicologica. Per raggiungere un vero benessere, è essenziale che questi due aspetti si supportino a vicenda piuttosto che entrare in conflitto.

1. La Pressione Sociale e l'Estetica

Viviamo in una società che pone grande enfasi sull'aspetto esteriore. I media, i social network e le aspettative sociali possono creare una pressione significativa per aderire a determinati standard estetici.

- **L'Impatto della Pressione Sociale:** La pressione per apparire in un certo modo può avere un effetto negativo sulla salute mentale, portando a insicurezze, ansia e perfino a disturbi legati all'immagine corporea. È importante riconoscere che gli standard di bellezza sono spesso arbitrari e non devono essere presi come misura del proprio valore personale.

- **Riconoscere i Propri Limiti:** Accettare che ognuno ha un corpo unico e caratteristiche che lo rendono speciale è essenziale per mantenere una buona salute mentale. Essere gentili con se stessi e accettare i propri limiti aiuta a ridurre lo stress e l'ansia legati all'immagine corporea.

2. L'Estetica Come Espressione di Sé

L'estetica non deve essere vista solo come una conformità agli standard sociali, ma piuttosto come un mezzo per esprimere la propria identità e individualità.

- **Autenticità e Fiducia:** Curare il proprio aspetto esteriore in modo che rispecchi chi sei veramente può aumentare la fiducia in te stesso. Quando l'estetica è un'espressione autentica di chi sei, diventa una fonte di forza e sicurezza, piuttosto che una fonte di stress.

- **Creatività e Libertà:** Utilizzare la moda, il grooming e lo stile personale come strumenti di creatività ti permette di esplorare e comunicare la tua unicità. Questa libertà di espressione può avere un effetto positivo sulla salute mentale, incoraggiando un senso di soddisfazione e appagamento.

3. La Salute Mentale: Un Fondamento di Benessere

Mentre l'estetica riguarda l'esterno, la salute mentale si occupa dell'interno, dei pensieri, delle emozioni e del modo in cui affrontiamo le sfide della vita.

- **Gestire lo Stress:** La cura della salute mentale include la gestione dello stress e l'attenzione ai segnali di esaurimento emotivo. Tecniche come la meditazione, il rilassamento muscolare e il mindfulness possono aiutare a mantenere la mente calma e centrata, contribuendo a un equilibrio tra l'aspetto esteriore e il benessere interiore.

- **Coltivare Relazioni Positive:** Le relazioni sociali sono fondamentali per la salute mentale. Circondarsi di persone che ti sostengono e ti accettano per chi sei veramente è essenziale per mantenere un buon equilibrio mentale. Queste relazioni possono anche influenzare positivamente il modo in cui percepisci il tuo aspetto e la tua autostima.

- **Accettazione di Sé:** Un pilastro della salute mentale è l'accettazione di sé, che comporta riconoscere e abbracciare le proprie imperfezioni. Accettare che nessuno è perfetto e che la vera bellezza risiede nella diversità e nell'individualità aiuta a ridurre l'ansia legata all'aspetto esteriore.

4. L'Importanza dell'Equilibrio

Per un gentiluomo moderno, trovare l'equilibrio tra estetica e salute mentale significa integrare la cura di sé in modo armonioso, evitando che un aspetto sovrasti l'altro.

- **Prioritizzare il Benessere Interiore:** Ricorda che l'estetica è importante, ma non deve mai essere perseguita a scapito della salute mentale. Il benessere interiore deve sempre avere la priorità, poiché è la base su cui si costruisce un vero senso di bellezza e sicurezza.

- **Creare Routine Sostenibili:** Sviluppare routine di cura personale che siano realistiche e sostenibili è essenziale. Non si tratta di inseguire ideali irraggiungibili, ma di trovare abitudini che migliorino sia il tuo aspetto esteriore che il tuo benessere interiore senza creare stress o pressione.

- **Ascoltare il Proprio Corpo e la Mente:** Impara a essere consapevole dei segnali che il tuo corpo e la tua mente ti inviano. Se ti senti sopraffatto dalla pressione estetica, è importante fare un passo indietro e concentrarsi su attività che nutrono la tua salute mentale, come leggere, passare tempo con gli amici o praticare attività che ti rilassano.

5. L'Estetica come Riflesso della Salute Mentale

Quando l'equilibrio tra estetica e salute mentale è raggiunto, l'aspetto esteriore diventa un riflesso della serenità e della forza interiore.

- **La Bellezza dell'Autenticità:** Un aspetto curato che riflette la tua vera personalità e che non è influenzato da pressioni esterne risulta naturalmente attraente. La vera bellezza emerge quando sei in pace con te stesso e questo si percepisce immediatamente dagli altri.

- **Il Carisma della Serenità:** Un equilibrio tra estetica e salute mentale si traduce in un carisma naturale. Quando sei sereno e sicuro di te stesso, gli altri sono attratti dalla tua presenza e dall'energia positiva che emani.

L'equilibrio tra l'estetica e la salute mentale è una danza delicata che richiede consapevolezza e riflessione. La vera cura di sé va oltre la superficie e si radica nel benessere interiore. Un gentiluomo moderno sa che il proprio valore non è determinato solo dall'aspetto esteriore, ma dall'armonia tra come appare e come si sente. Coltivare questo equilibrio ti permette di vivere in modo autentico, presentandoti al mondo con fiducia e serenità, e irradiare un carisma che nasce dall'integrazione di bellezza e benessere interiore.

Capitolo 8: Creare e Mantenere Relazioni Autentiche

L'arte di costruire relazioni significative e autentiche

Le relazioni autentiche sono la linfa vitale di una vita appagante e piena di significato. In un mondo sempre più connesso ma paradossalmente più distante, saper costruire e mantenere relazioni genuine diventa un'abilità preziosa. Questo capitolo esplora l'arte di instaurare legami profondi, che vadano oltre la superficie, e di coltivare connessioni basate su fiducia, rispetto e reciprocità.

L'Arte di Costruire Relazioni Significative e Autentiche

Per creare relazioni autentiche, è fondamentale partire da un luogo di sincerità e apertura. Le relazioni autentiche non sono il risultato di interazioni superficiali o opportunistiche, ma nascono dall'incontro genuino tra persone che si rispettano e si apprezzano per quello che sono realmente.

- **Essere Genuini:** La genuinità è la base su cui si costruiscono relazioni autentiche. Presentarsi agli altri in modo onesto, senza filtri o maschere, favorisce un'interazione sincera e apre la strada a connessioni più profonde. Le persone sono naturalmente attratte da chi mostra il proprio vero io, creando così un legame basato sulla verità e sulla fiducia.

- **Ascolto Profondo:** Ascoltare non è solo sentire, ma comprendere. Un ascolto attivo e profondo implica prestare attenzione alle parole, ma anche al linguaggio non verbale dell'interlocutore. Questo tipo di ascolto crea uno spazio di comprensione reciproca, permettendo all'altro di sentirsi veramente visto e compreso.

- **Empatia e Sensibilità:** L'empatia è la capacità di mettersi nei panni dell'altro, sentendo e comprendendo le sue emozioni.

Essere sensibili ai bisogni e ai sentimenti altrui costruisce una base solida per una relazione autentica. Quando dimostri empatia, crei un legame emotivo che va oltre la semplice interazione.

- **Comunicazione Autentica:** Una comunicazione chiara e sincera è essenziale per mantenere relazioni autentiche. Questo significa esprimere i propri pensieri e sentimenti apertamente, ma con rispetto e considerazione per l'altro. Una buona comunicazione evita fraintendimenti e rafforza la fiducia reciproca.

- **Dimostrare Interesse e Curiosità:** Mostrare un interesse genuino per la vita, le passioni e i pensieri dell'altro è fondamentale per costruire una relazione autentica. Fai domande, ascolta le risposte e approfondisci la conversazione in modo naturale e coinvolgente. Questo interesse dimostra che apprezzi l'individualità dell'altra persona.

- **Vulnerabilità e Autenticità:** Non aver paura di mostrarti vulnerabile. Condividere i tuoi dubbi, paure e speranze può avvicinare gli altri a te, creando un ambiente di reciproca fiducia e comprensione. La vulnerabilità, lungi dall'essere una debolezza, è un segno di forza e di genuinità che favorisce legami più profondi.

- **Coerenza e Affidabilità:** Le relazioni autentiche si costruiscono sulla fiducia, e la fiducia richiede coerenza e affidabilità. Mantenere le promesse, essere presenti nei momenti di bisogno e agire in modo prevedibile e sicuro rafforza la percezione di una relazione stabile e di valore.

- **Tempo e Dedizione:** Le relazioni autentiche richiedono tempo e dedizione per crescere e svilupparsi. Investire del tempo di qualità in una relazione, dimostrando attenzione e cura, è fondamentale per mantenerla forte e viva. Non si tratta solo di quantità di tempo, ma di come quel tempo viene impiegato e vissuto.

- **Rispetto e Accettazione:** Ogni persona è unica e merita di essere rispettata e accettata per quello che è. Accogliere le differenze senza giudicare, e valorizzare la diversità, è un segno di maturità e di apertura mentale che arricchisce qualsiasi relazione.

- **Reciprocità:** Le relazioni autentiche sono caratterizzate dalla reciprocità, un equilibrio tra dare e ricevere. Questa dinamica bilanciata crea una sensazione di equità e rispetto, dove entrambe le parti si sentono valorizzate e riconosciute.

Creare e mantenere relazioni autentiche è un processo continuo che richiede impegno, sincerità e una profonda comprensione delle dinamiche umane. Un gentiluomo moderno capisce l'importanza di questi legami nella propria vita e si impegna a coltivarli con attenzione e cura. In un mondo dove spesso le connessioni sono fugaci e superficiali, le relazioni autentiche rappresentano un'ancora di stabilità e un arricchimento personale inestimabile. Coltivarle non solo ti permette di costruire una rete di supporto forte e affidabile, ma ti consente anche di crescere come individuo, imparando dagli altri e condividendo il tuo viaggio con persone che davvero contano.

Networking con eleganza e intelligenza sociale

Il networking è un'abilità essenziale nel mondo moderno, sia a livello personale che professionale. Tuttavia, saperlo fare con eleganza e intelligenza sociale è ciò che distingue un gentiluomo moderno. Non si tratta solo di scambiare biglietti da visita o aggiungere contatti su LinkedIn, ma di costruire relazioni autentiche e significative che possano arricchire entrambe le parti coinvolte. Questo approccio richiede un equilibrio tra competenza sociale, empatia e una presentazione personale impeccabile.

1. Comprendere il Networking come una Relazione Reciproca

Il primo passo per fare networking con eleganza è comprendere che il networking non è una transazione, ma una relazione. Si tratta di creare connessioni basate su un genuino interesse reciproco, piuttosto che cercare immediatamente cosa l'altro può fare per te.

- **Scambio Equo:** Approcciati al networking con l'intenzione di offrire valore, non solo di riceverlo. Pensa a come puoi contribuire al successo degli altri, che sia attraverso una presentazione, un consiglio, o semplicemente offrendo il tuo supporto.

- **Long-Term Vision:** Le relazioni più preziose nel networking non sono quelle costruite con l'idea di ottenere un beneficio immediato, ma quelle che si sviluppano e maturano nel tempo. Investire in rapporti a lungo termine crea una rete di connessioni solide e affidabili.

2. Intelligenza Sociale: Il Cuore del Networking Elegante

L'intelligenza sociale è la capacità di navigare con grazia e comprensione nelle interazioni sociali. È un insieme di abilità che include la capacità di leggere le situazioni, capire le dinamiche interpersonali e adattarsi di conseguenza.

- **Lettura del Contesto:** Ogni situazione di networking è diversa. Saper leggere il contesto, capire le dinamiche e adattare il tuo approccio è cruciale. Ad esempio, un evento di networking informale richiederà un approccio più rilassato rispetto a un evento formale aziendale.

- **Empatia:** L'empatia ti permette di comprendere meglio le esigenze e i desideri dell'altra persona, rendendo le tue interazioni più significative. Mostra interesse per l'altro e ascolta attivamente per creare un legame genuino.

- **Comunicazione Non Verbale:** Un linguaggio del corpo aperto e positivo trasmette fiducia e cordialità. Mantenere il contatto visivo, sorridere e avere una postura rilassata ma attenta sono tutti segnali di intelligenza sociale che facilitano il networking.

3. Eleganza nel Networking: L'Arte della Presentazione

L'eleganza nel networking non riguarda solo l'abbigliamento, ma anche la raffinatezza del comportamento e della comunicazione.

- **Abbigliamento Appropriato:** Vestirsi in modo adeguato per l'occasione è fondamentale. Il tuo stile deve riflettere professionalità e buon gusto, ma anche la tua personalità. Un outfit ben curato dimostra rispetto per l'evento e per le persone con cui interagisci.

- **Buone Maniere:** Le buone maniere non passano mai di moda. Presentarsi con un sorriso, stringere la mano con fermezza e ricordare il nome delle persone che incontri sono piccoli dettagli che fanno una grande differenza.

- **Comunicazione Raffinata:** Esprimi te stesso con chiarezza e precisione. Evita di monopolizzare la conversazione e mostra interesse per ciò che l'altro ha da dire. Una comunicazione raffinata è equilibrata e rispettosa, evitando eccessi o toni troppo familiari.

4. Sfruttare le Opportunità con Tatto

Parte del networking con eleganza è saper riconoscere e sfruttare le opportunità senza risultare invadente o opportunistico.

- **Timing:** Saper cogliere il momento giusto è fondamentale. Se hai qualcosa di importante da dire o da chiedere, attendi il momento opportuno, quando la conversazione è fluida e l'altro è ricettivo.

- **Follow-Up:** Dopo l'incontro, è importante mantenere il contatto con un follow-up tempestivo e cortese. Un semplice messaggio di ringraziamento o una nota che riprenda un argomento discusso possono fare una grande impressione.

- **Saper Dire No con Grazia:** Non tutte le opportunità sono adatte o devono essere colte. Imparare a declinare con eleganza, senza chiudere la porta a future collaborazioni, è una parte importante del networking sofisticato.

Fare networking con eleganza e intelligenza sociale è una competenza che eleva le interazioni professionali e personali a un livello superiore. Un gentiluomo moderno si distingue non solo per le sue capacità, ma per la qualità delle sue connessioni e per il modo in cui sa coltivarle. Networking con eleganza significa avvicinarsi agli altri con rispetto, autenticità e una chiara consapevolezza del contesto, creando così relazioni che sono destinate a durare e a portare beneficio reciproco.

Gestione delle relazioni professionali e personali

Saper gestire in modo equilibrato le relazioni professionali e personali è una competenza cruciale per un gentiluomo moderno. Queste due sfere della vita, spesso interconnesse, richiedono approcci diversi ma complementari, e la chiave sta nel trovare un equilibrio che permetta di eccellere in entrambe senza sacrificare l'una per l'altra.

1. La Differenza tra Relazioni Professionali e Personali

Anche se entrambe le tipologie di relazioni richiedono autenticità e rispetto, vi sono differenze fondamentali nel modo in cui vengono gestite.

- **Relazioni Professionali:** Queste relazioni sono spesso guidate da obiettivi comuni, performance e risultati. Richiedono un comportamento professionale, una comunicazione chiara e la capacità di lavorare in squadra. La reputazione e l'etica lavorativa giocano un ruolo cruciale nel coltivare queste connessioni.

- **Relazioni Personali:** Le relazioni personali, al contrario, si basano su legami emotivi, affetto e intimità. Richiedono tempo, empatia e un impegno sincero per mantenere la connessione emotiva. Queste relazioni sono meno formali e più basate sulla reciprocità e la condivisione di esperienze.

2. Equilibrio tra Vita Lavorativa e Personale

Trovare un equilibrio tra lavoro e vita privata è essenziale per il benessere e la qualità delle relazioni in entrambe le sfere.

- **Stabilire Confini:** Definire chiaramente i confini tra lavoro e vita personale è fondamentale. Questo significa dedicare tempo di qualità alla famiglia e agli amici, senza che il lavoro interferisca continuamente. Allo stesso modo, mantenere una netta distinzione tra amicizie e relazioni professionali può prevenire malintesi e conflitti di interesse.

- **Gestione del Tempo:** Una gestione efficace del tempo permette di dare il giusto spazio sia al lavoro che alle relazioni personali. Pianificare in anticipo, delegare quando possibile e saper dire no a impegni eccessivi sono strategie per mantenere un equilibrio sano.

- **Prioritizzare il Benessere:** Non trascurare il tuo benessere fisico e mentale. Quando sei in salute e in equilibrio, sei più capace di gestire efficacemente le relazioni in entrambi gli ambiti. Attività come l'esercizio fisico, la meditazione e il tempo libero dedicato a hobby possono migliorare il tuo stato d'animo e la tua capacità di relazionarti con gli altri.

3. Competenze Chiave per Gestire le Relazioni Professionali

Nel contesto professionale, alcune competenze specifiche sono essenziali per la gestione delle relazioni.

- **Comunicazione Efficace:** Una comunicazione chiara, concisa e rispettosa è fondamentale. Essere in grado di esprimere le proprie idee in modo comprensibile e ascoltare attivamente gli altri crea un ambiente di lavoro collaborativo e produttivo.

- **Gestione dei Conflitti:** Saper affrontare e risolvere i conflitti in modo costruttivo è una competenza chiave. Riconoscere le diverse opinioni, trovare punti di accordo e mediare con calma e professionalità sono qualità che rafforzano le relazioni sul lavoro.

- **Leadership e Collaborazione:** Mostrare leadership non significa solo guidare, ma anche sapere quando seguire e supportare gli altri. La capacità di collaborare efficacemente, rispettando e valorizzando i contributi altrui, è essenziale per il successo professionale.

4. Competenze Chiave per Gestire le Relazioni Personali

Le relazioni personali richiedono un approccio più intimo e sensibile, focalizzato sull'empatia e la connessione emotiva.

- **Empatia e Comprensione:** La capacità di comprendere e condividere i sentimenti altrui è fondamentale. L'empatia permette di creare legami profondi e di rispondere adeguatamente ai bisogni emotivi di chi ti sta vicino.

- **Comunicazione Aperta e Onesta:** Una comunicazione sincera è alla base di qualsiasi relazione personale sana. Parlare apertamente dei propri sentimenti e ascoltare quelli degli altri senza giudizio aiuta a costruire fiducia e intimità.

- **Supporto Emotivo:** Essere presenti per gli altri nei momenti di difficoltà, offrendo ascolto e sostegno, è cruciale. Il supporto reciproco rafforza le relazioni e crea un senso di sicurezza e appartenenza.

5. Gestire le Relazioni che si Sovrappongono

In alcuni casi, le relazioni personali e professionali possono sovrapporsi, come con i colleghi che diventano amici o i partner romantici che lavorano insieme. In questi casi, la gestione richiede particolare attenzione.

- **Mantenere la Professionalità:** Anche se hai una relazione personale con un collega, è importante mantenere un comportamento professionale sul posto di lavoro. Questo aiuta a prevenire favoritismi e a mantenere un ambiente di lavoro armonioso.

- **Chiarezza e Trasparenza:** Essere chiari su come gestire le dinamiche di una relazione personale che influisce sul lavoro è fondamentale. Stabilire aspettative chiare e mantenere una comunicazione aperta può evitare conflitti e tensioni.

- **Rispetto dei Confini:** Rispettare i confini tra vita lavorativa e personale, anche quando queste si sovrappongono, è essenziale per mantenere un equilibrio sano e per evitare che le tensioni di un ambito influenzino l'altro.

La gestione delle relazioni professionali e personali richiede un equilibrio delicato ma vitale. Un gentiluomo moderno deve saper navigare con competenza e sensibilità tra questi due mondi, coltivando relazioni che siano gratificanti e sostenibili nel tempo. Comprendere le differenze e le somiglianze tra queste due sfere, stabilire confini chiari e sviluppare competenze specifiche sono passi cruciali per eccellere sia nella carriera che nella vita personale. Il risultato è una rete di relazioni che non solo supportano il tuo successo professionale, ma arricchiscono anche la tua vita personale in modo significativo.

Conclusione

Riassunto dei punti chiave trattati

Nel corso di questo libro, abbiamo esplorato i numerosi aspetti che contribuiscono a definire un gentiluomo moderno, capace di destreggiarsi con eleganza e intelligenza sociale in ogni ambito della vita. Dall'importanza del carisma e dello stile personale, alla gestione delle relazioni, sia professionali che personali, ogni capitolo ha offerto strumenti pratici e riflessioni profonde per chi aspira a incarnare i valori di un gentiluomo nel XXI secolo.

Riassunto dei Punti Chiave Trattati

1. **Il Fondamento del Carisma**: Abbiamo iniziato esplorando la natura del carisma, una qualità che attrae, ispira e influenza. Il carisma nasce dalla combinazione di autorevolezza, attrazione e simpatia, e può essere coltivato attraverso la consapevolezza di sé e il miglioramento delle proprie abilità sociali.

2. **Stile e Identità Personale**: Lo stile non è solo una questione di abbigliamento, ma un'estensione della propria identità. Abbiamo discusso l'importanza di sviluppare un guardaroba che rifletta la propria personalità, adattando l'abbigliamento a diverse occasioni e utilizzando accessori per esprimere il proprio gusto unico.

3. **Il Linguaggio del Corpo e la Presenza**: Il linguaggio del corpo ha un impatto significativo sulla percezione altrui. Una postura sicura, gestualità aperta e contatto visivo adeguato contribuiscono a creare una presenza magnetica. Abbiamo esplorato tecniche per migliorare questi aspetti e costruire una presenza che comanda rispetto e attenzione.

4. **Comunicazione Efficace**: La comunicazione è il ponte che collega le nostre idee e sentimenti agli altri. Dal tono di voce al ritmo della conversazione, passando per l'ascolto attivo e lo storytelling, abbiamo visto come una comunicazione chiara e

coinvolgente sia essenziale per relazioni personali e professionali di successo.

5. **Etichetta e Galateo Moderno**: Anche in un'epoca di cambiamenti sociali, i principi dell'etichetta rimangono fondamentali. Abbiamo esaminato come comportarsi con rispetto e grazia in varie situazioni, dagli incontri sociali alle cene formali, evidenziando l'importanza di un comportamento appropriato e rispettoso.

6. **Sviluppo della Fiducia in Sé Stessi**: La fiducia in sé stessi è la base su cui costruire il proprio successo personale e professionale. Attraverso l'azione e la riflessione, l'affrontare le insicurezze e la coltivazione di una mentalità positiva, abbiamo visto come questa fiducia possa essere sviluppata e rafforzata.

7. **Cura di Sé e Benessere**: La cura personale va oltre l'aspetto estetico; include anche il benessere fisico e mentale. Abbiamo esplorato come una routine di cura personale, che integri grooming, fitness e alimentazione, influenzi positivamente il carisma e la percezione altrui.

8. **Creare e Mantenere Relazioni Autentiche**: Le relazioni autentiche sono la chiave per una vita ricca e significativa. Abbiamo discusso l'importanza della genuinità, dell'empatia e della comunicazione aperta nella costruzione di legami duraturi e significativi.

9. **Networking con Eleganza e Intelligenza Sociale**: Il networking è un'arte che richiede tatto e intelligenza sociale. Abbiamo visto come costruire una rete di contatti professionali con autenticità e rispetto, utilizzando competenze sociali raffinate per creare connessioni durature.

10. **Gestione delle Relazioni Professionali e Personali**: Infine, abbiamo esplorato la gestione delle relazioni in ambito professionale e personale, sottolineando l'importanza di mantenere un equilibrio tra queste sfere e sviluppare competenze specifiche per eccellere in entrambe.

Guardando al Futuro

Essere un gentiluomo moderno non è solo una questione di apparenza o di aderenza a codici di comportamento rigidi. È un impegno costante verso l'automiglioramento, la cura delle proprie relazioni e il vivere con integrità e rispetto. I principi esplorati in questo libro sono strumenti per aiutarti a navigare con successo nelle complessità della vita moderna, mantenendo al contempo una forte connessione con i valori senza tempo che definiscono un vero gentiluomo.

Mentre concludi la lettura di questo libro, ricorda che il viaggio verso l'eccellenza personale è continuo. Ogni interazione, ogni decisione è un'opportunità per mettere in pratica quanto appreso, rafforzare le tue qualità e costruire una vita ricca di significato, rispetto e successo. Sii sempre aperto a nuove esperienze, rimani fedele ai tuoi valori e continua a evolverti come il gentiluomo che aspiri a essere.

Incoraggiamento a vivere come un gentiluomo moderno

Vivere come un gentiluomo moderno non è solo una questione di apparenza o di conformità a standard sociali; è un impegno quotidiano verso l'eccellenza personale e il rispetto per gli altri. Essere un gentiluomo oggi significa incarnare valori senza tempo come integrità, cortesia, empatia e consapevolezza di sé, mentre si navigano le complessità della vita contemporanea.

Il gentiluomo moderno è un individuo che si distingue non solo per il suo stile, ma per la qualità delle sue relazioni, la sua capacità di comunicare con grazia e assertività, e il suo impegno nel migliorarsi continuamente. È una persona che si sforza di lasciare un impatto positivo in ogni interazione, che comprende l'importanza di essere autentico e che si preoccupa profondamente del benessere delle persone intorno a lui.

Nel tuo viaggio verso l'essere un gentiluomo, ricordati che la perfezione non è richiesta, ma piuttosto un continuo desiderio di crescere, imparare e adattarsi. Abbraccia le sfide come opportunità per affinare il tuo carattere e usa i principi e le pratiche descritte in questo libro come guide per modellare la tua vita in modo che rifletta il meglio di ciò che sei e di ciò che puoi diventare.

Vivere come un gentiluomo moderno significa essere un faro di comportamento positivo in un mondo che ha bisogno di gentilezza, rispetto e integrità. È una scelta consapevole di elevare gli standard della tua vita e delle vite degli altri, ispirando chi ti circonda a fare altrettanto. Questo impegno quotidiano non solo arricchirà la tua esistenza, ma avrà anche un impatto duraturo su chiunque tu incontri.

Spunti per l'evoluzione personale continua

Il viaggio verso l'essere un gentiluomo moderno non si conclude con l'acquisizione delle competenze e dei comportamenti descritti in questo libro. La crescita personale è un processo continuo, una ricerca incessante di miglioramento e auto-realizzazione. Ecco alcuni spunti per mantenere vivo il fuoco dell'evoluzione personale e continuare a sviluppare le qualità che ti distinguono come un gentiluomo.

1. Coltiva l'Auto-Riflessione

L'auto-riflessione è uno strumento potente per comprendere te stesso e le tue azioni. Dedica del tempo regolare a riflettere sulle tue esperienze, su ciò che hai imparato e su come puoi migliorare. Chiediti:

- Cosa ho imparato oggi che può aiutarmi a crescere?

- Quali sfide ho affrontato e come posso gestirle meglio in futuro?

- Come posso essere più autentico nelle mie relazioni e interazioni?

Scrivere un diario o meditare sono ottimi modi per praticare l'auto-riflessione.

2. Sii Aperto all'Apprendimento Continuo

Il mondo è in costante evoluzione, e così dovresti essere anche tu. Mantieniti curioso e aperto all'apprendimento continuo. Questo può includere:

- **Lettura e Studio:** Leggi libri, articoli e studi su temi che ti interessano o che ritieni possano migliorare la tua vita personale e professionale.

- **Formazione Continua:** Partecipa a corsi, seminari o workshop che ti aiutino a sviluppare nuove competenze o a migliorare quelle esistenti.

- **Mentorship e Networking:** Cerca mentori che possano guidarti nel tuo percorso di crescita e connettiti con persone che condividono i tuoi interessi e valori.

3. Accogli il Cambiamento come Opportunità

Il cambiamento può essere spaventoso, ma è anche una delle forze più potenti per la crescita personale. Accogli il cambiamento come un'opportunità per migliorare e reinventarti.

- **Adattabilità:** Sviluppa la capacità di adattarti a nuove situazioni e sfide. Essere flessibili ti permette di affrontare le incertezze della vita con resilienza.

- **Innovazione Personale:** Non avere paura di uscire dalla tua zona di comfort e sperimentare nuovi approcci o stili di vita. Questo ti permetterà di scoprire nuovi aspetti di te stesso e di arricchire la tua esperienza di vita.

4. Costruisci Relazioni che Ispirano

Le persone con cui ti circondi hanno un impatto significativo sulla tua crescita personale. Cerca di costruire relazioni che ti ispirino e ti motivino a migliorare.

- **Circondati di Persone Positive:** Trascorri del tempo con individui che ti supportano, che condividono i tuoi valori e che ti stimolano a crescere.

- **Impara dagli Altri:** Ogni persona ha qualcosa da insegnarti. Ascolta, osserva e impara dalle esperienze e dalle storie delle persone che incontri.

5. Pratica la Gratitudine e l'Umiltà

La gratitudine e l'umiltà sono qualità essenziali per un'evoluzione personale continua. Riconoscere i tuoi successi e le tue benedizioni, mantenendo al contempo un atteggiamento umile, ti aiuta a rimanere radicato e aperto alla crescita.

- **Riconosci i Tuoi Progressi:** Celebra i tuoi successi, grandi o piccoli che siano, e sii grato per le opportunità di crescita che la vita ti offre.

- **Mantieni l'Umiltà:** Ricorda che la perfezione è un ideale irraggiungibile e che c'è sempre qualcosa di nuovo da imparare. Mantieni un atteggiamento umile e aperto al feedback e alle critiche costruttive.

6. Impegnati per un Impatto Positivo

Un vero gentiluomo non si limita a migliorare se stesso, ma si impegna anche a fare la differenza nel mondo che lo circonda. Trova modi per contribuire positivamente alla società e alle persone intorno a te.

- **Volontariato e Filantropia:** Dedica del tempo o delle risorse a cause che ti stanno a cuore. Il volontariato non solo aiuta gli altri, ma arricchisce anche il tuo senso di scopo.

- **Mentorship:** Condividi le tue conoscenze e le tue esperienze con coloro che possono trarne beneficio. Essere un mentore è un modo potente per contribuire alla crescita degli altri.

L'evoluzione personale è un viaggio senza fine, ricco di sfide e opportunità. Mantenendo viva la curiosità, praticando l'auto-riflessione e coltivando relazioni significative, puoi continuare a crescere e a svilupparti come gentiluomo. Sii sempre aperto al cambiamento, impara dagli altri e, soprattutto, rimani fedele ai tuoi valori fondamentali. Con questa mentalità, non solo potrai raggiungere nuovi livelli di successo e realizzazione personale, ma sarai anche in grado di ispirare e guidare gli altri lungo il loro percorso di crescita.

Sull'autore

Kylian de Brabandere è un progetto editoriale dedicato all'esplorazione dell'eccellenza, dello stile e della cultura olfattiva. Attraverso una collana che spazia dalla narrativa (Il Profumo del Potere) alla saggistica sul management e il bon ton, il nome raccoglie una visione unificata: quella di un'eleganza senza tempo, dove la cura del dettaglio, la passione per le fragranze e la leadership consapevole si incontrano. Le opere pubblicate sotto questo nome mirano a ispirare lettori alla ricerca di bellezza, strategia e raffinatezza nel mondo moderno.